FAIRE L'EUROPE
DANS UN MONDE DE BRUTES

Enrico Letta
Sébastien Maillard

# Faire l'Europe dans un monde de brutes

Fayard

Couverture Atelier Thimonier

ISBN : 978-2-213-70517-0

Dépôt légal : septembre 2017

*À Jacques Delors*

Sommaire

INTRODUCTION

# Ce livre est né à l'aube

Que vaut la durée d'une vie humaine par rapport au cours de l'histoire entière ? Bien peu, sommes-nous naturellement amenés à penser. Pourtant, un changement, bouleversant au regard de l'humanité, est en train de se produire en l'espace d'une seule génération.

Nous étions 3 milliards d'habitants sur terre lorsque ma génération a vu le jour. Nous en serons 10 lorsque cette même génération aura disparu. Le temps de la vie d'une personne, le temps d'une génération, et nous sommes passés de 3 à 10 milliards d'êtres humains. Actuellement, avec plus de 7 milliards, nous avons déjà parcouru plus de la moitié de cette courbe vertigineuse. De quoi rester sans voix, sachant que la Terre était une quand nous y étions 3 milliards et le demeurera quand nous y serons 10. Cela met au défi notre capacité à prévoir une place pour chacun sans que nos sociétés explosent, du moins déclinent. Le doute envahit celui qui regarde l'avenir en pensant à ses propres enfants et petits-enfants, c'est-à-dire en contemplant les visages d'êtres chers, et pas seulement en considérant des statistiques abstraites. En effet, comment se portera ce monde sous pression si les règles environnementales mondiales sont celles de Trump, ou celles qui forcent déjà les habitants de Pékin à se déplacer protégés d'un masque ? Comment sera la vie de nos enfants et de nos petits-enfants si nous, Européens, faillissons à notre mission dans le monde ? Si, divisés et sans influence, nous sommes marginalisés par les autres ? Que se passera-t-il si nous sommes sourds aux appels à notre mission mondiale que, sur l'environnement comme sur d'autres valeurs, nous lance régulièrement le premier pape non européen de l'histoire ?

Le bouleversement que nous vivons ne concerne pas seulement cette croissance démographique, déjà incroyable à l'échelle d'une vie. Il est porteur d'un autre grand changement qui nous interroge, nous, Européens, de manière urgente. Sur les 7 milliards de personnes en plus sur notre planète, pour passer de 3 à 10 milliards, aucune n'est européenne. Toutes sont africaines, asiatiques et américaines. C'est le second bouleversement.

À la naissance de ma génération, les Européens représentaient un large sixième des 3 milliards d'habitants. Fort de notre puissance économique et militaire, l'Europe se pensait comme le centre du monde. Il n'est pas fortuit qu'au moment de la création du groupement des sept pays les plus puissants du monde le G7, à Rambouillet, à l'initiative de Valéry Giscard d'Estaing et de Helmut Schmidt, quatre des sept pays étaient européens. Nous comptions alors pour un sixième de la population mondiale et, quand ma génération aura quitté cette Terre, cette part sera réduite à moins d'un vingtième. Un sur vingt, voici de combien compteront les Européens lorsque nous serons 10 milliards. C'est un autre bouleversement en cours, l'espace d'une seule vie.

Ce ne sont pas que les chiffres qui importent, pourriez-vous opposer. Nous pourrions imaginer, par un irénisme abstrait, que nos valeurs de démocratie, de tolérance et de liberté auront triomphé, que nous les aurons naturellement exportées à travers le monde entier, grâce à une mondialisation conduite par nous, Occidentaux. Or, au contraire, nous prenons conscience qu'il n'en va pas ainsi. Nous regardons les images d'un sommet du G20 et nous nous rendons compte que les participants élus d'après les meilleures garanties démocratiques y sont probablement moins que la moitié.

Quand nous considérons l'égalité entre hommes et femmes ou la laïcité de l'État, nous observons que la moitié du monde ne fonctionne pas comme chez nous. Sans mentionner les droits des travailleurs ou la protection des enfants, pour se limiter seulement à quelques exemples. Et ce n'est pas tout. Comment ne pas voir non plus que, dans le débat public animant nos démocraties européennes, la tentation existe d'importer des modèles extérieurs aux nôtres. Combien d'*aficionados* de Poutine, d'Erdogan ou de Trump en Europe ?

Nous sommes en train de perdre la bataille mondiale des valeurs.

Nous sommes en train de perdre la nouvelle guerre d'influences.

En continuant à nous diviser, nous nous marginalisons et finirons par compter pour rien dans ce monde qui, sans exagérer à l'excès, pourrait vraiment finir par devenir un monde de brutes.

Pour la réalisation de ce livre, je veux remercier de tout cœur Sébastien Maillard. Par sa passion européenne et sa rigueur intellectuelle, il m'a aidé à mener un travail d'introspection et à penser l'avenir de l'Europe.

* * *

Ce livre est donc né à l'aube.

Précisément, à l'aube de deux matinées de l'année 2016, quand sont tombées les nouvelles des résultats du vote sur le Brexit et de l'élection de Donald Trump, qui ont changé notre histoire. Leurs conséquences sur l'Europe sont, à mes yeux, comparables à 1989, l'autre année de changement que ma génération a connue. Je reste sous le choc de ces récents événements et, en même temps, je juge stimulantes les opportunités qu'ils ouvrent pour l'Europe. Je suis tenté d'y réagir avec une passion et une véhémence qui tranchent avec ma patience et ma pondération habituelles. Mais la réactivité et le choix du juste moment sont vitaux dans le monde d'aujourd'hui. L'heure est venue pour l'Europe de devenir adulte. À la suite des événements de 1989, la construction européenne avait accompli d'extraordinaires pas en avant. Il peut et il doit en être ainsi maintenant.

J'expose ici les idées d'un passionné de l'Europe, mais qui n'en aime pas le visage actuel. Je dénonce la tournure prise par le cours des choses, mais je le fais en défendant le rêve européen et notre destin qui lui est attaché. Ce n'est pas une défense sans critique de Bruxelles et de l'Union européenne. Ni, en aucune façon, une manière de courir après les anti-Européens sur leurs terres et avec leurs arguments, mais de les considérer avec une tonalité peut-être plus bienveillante. L'expérience montre que c'est le meilleur moyen de les aider et que l'électeur, entre la copie et l'original, choisit au bout du compte toujours ce dernier.

A contrario, la récente élection française a montré qu'on pouvait gagner une campagne électorale en brandissant la bannière européenne. L'Europe a été, sans frilosité, le cadre de référence du discours d'Emmanuel Macron, et la présence au second tour de Marine Le Pen, championne du souverainisme anti-européen, a rendu possible aux Français un choix qui ne pouvait être plus net.

La campagne électorale française a connu son tournant, comme l'on sait, lors du débat télévisé entre les deux tours. Ce ne fut pas un hasard. Pour détruire une idée, les 140 signes d'un tweet suffisent. Mais, lorsqu'on devient un possible futur président et que les 140 caractères se transforment en deux heures de débat à l'antenne, il ne suffit pas de dénoncer ce qui ne va pas. Il faut aussi dire ce que l'on compte réaliser concrètement. C'est là que s'est opéré le tournant de l'élection présidentielle. L'écart entre les deux candidats, qui s'était resserré, s'est alors inexorablement creusé jusqu'au résultat final. Cela est riche d'enseignements, et prouve bel et bien que si l'on va dans le concret en développant les justes arguments l'Europe n'est pas perdante. Tout au contraire.

Mais elle doit affronter de face son problème numéro un, en l'occurrence les inégalités croissantes de sa population. L'Europe n'est-elle faite que pour la partie la plus instruite, la plus cultivée de ses peuples, avec le risque d'être alors perçue comme la plus élitiste de nos sociétés, ou bien existe-t-elle pour tous, indépendamment du nombre de langues pratiquées ou du degré de cosmopolitisme de chacun ? Cette question me paraît essentielle.

L'Europe est trop souvent considérée comme établie pour les « mondialistes », comme n'étant réservée qu'aux promus de la mondialisation, les plus instruits qui, voyageant et maîtrisant plusieurs langues, sont en mesure de travailler d'un pays à l'autre. Combien de fois répétons-nous qu'Erasmus est le plus grand succès européen ? Nous avons raison de soutenir ce beau programme et de le relancer. Nous devons même plutôt y investir encore davantage. Mais, quand bien même Erasmus serait la seule chose que nous soyons capables de relever de positif dans tout ce que fait l'Europe, nous devons aussi rappeler que ce programme est destiné aux étudiants universitaires. Il ne touche donc qu'une poignée de jeunes, les autres, moins chanceux, les considèrent comme une minorité privilégiée. Cela nous expose facilement à la critique. D'aucuns y voit la confirmation de ce qu'ils soupçonnent l'Europe d'être devenue. Cela fait le jeu de qui affirme que l'Europe n'est réservée qu'à quelques-uns et non à tous. Poursuivons donc Erasmus, mais avançons aussi avec quantité de nouveaux projets, c'est ce que je vais m'employer à argumenter dans ces pages, de manière à faire percevoir l'Europe comme véritablement positive pour tous.

* * *

Tandis que j'écris les dernières lignes de cette introduction, je me trouve à Singapour afin de représenter l'École des affaires internationales de Sciences Po (Psia) que je dirige, dans le cadre de la conférence annuelle 2017 des écoles universitaires d'affaires publiques.

Je constate l'enthousiasme contagieux des universités asiatiques, l'ambiance crépusculaire des Européens et l'interrogation inquiète des Américains, craignant une chute des demandes d'accès à leurs prestigieux campus sous l'effet de la présidence Trump. Quant aux Africains, aucun n'est invité. Signe d'un retard qui apparaît comme dramatique, d'autant plus que l'Afrique sera le continent qui présentera la plus forte croissance démographique dans les prochaines années. Mais cette conférence, comme d'autres en Asie du Sud-Est, en Chine ou en Corée, offre aussi l'occasion de s'interroger sur ce que nous représentons aujourd'hui, nous, Européens. En arrivant d'Europe, j'en perçois fortement l'importance. Dans un monde globalisé, son unité est l'unique perspective de succès pour nos petits et singuliers pays. L'Europe a un grand avenir, pas seulement un passé. Elle offre le seul horizon d'intégration et d'avenir pour lequel on doit se battre.

Toutefois, cela ne peut se faire avec « cette » Europe. Pour la changer, il nous faut de la passion et des idées. Avec un calendrier, et une certaine obligation d'urgence.

Après les élections française et allemande s'ouvre une fenêtre unique d'opportunité. On doit s'en saisir avant qu'il soit trop tard, en particulier avant que la législature européenne en cours approche de son terme, en 2019. Et, comme toujours dans les détours de l'histoire européenne, un fort engagement commun français et italien, basé sur le respect et la confiance réciproques, est essentiel dans ce jeu grand enjeu continental.

Dans les chapitres qui suivront, je cherche à développer ce que, concrètement, nous pouvons et devons faire pour relancer l'Europe. La défaite de Marine Le Pen ne constitue pas, en soi, une avancée européenne. Mais ce qui s'est produit par cette élection française jette les bases sur lesquelles il nous faut réaliser des projets européens trop longtemps repoussés. Désormais, le temps est aux actes.

Je serai heureux de confronter ces idées avec qui voudra en discuter, a fortiori avec qui ne sera pas d'accord avec elles. En m'installant à Paris après avoir démissionné en 2015 du Parlement italien pour m'engager dans l'éducation, j'ai vraiment appris, après deux années passées parmi les étudiants de Sciences Po, que je ne détenais pas la vérité et que la chercher ensemble était le voyage le plus initiatique. Le seul qui donne son vrai sens à la vie.

Surtout si on le fait contre vents et marées.

Enrico LETTA

AVANT-PROPOS

# Une puissance moins douce dans un monde plus brutal

Voilà une raison de plus de faire l'Europe.

Le monde dans lequel elle a commencé à s'unir, en 1950, n'était déjà pas tendre, mais il offrait un relatif équilibre. La construction européenne a démarré en pleine guerre froide, à l'abri du parapluie américain. L'Europe s'est faite dans un monde clivé, marqué par une étanche séparation Est-Ouest. L'implosion de l'empire soviétique a soudain mis fin à cet ordre mondial, mais l'Europe en a tiré une nouvelle légitimité pour poursuivre sa promesse d'unité jusqu'aux portes de la Russie. Tandis que la mondialisation s'accélérait par le progrès technologique, et en particulier par la révolution numérique, l'Europe se libéralisait dans un monde alors plus insouciant de sa sécurité qu'aujourd'hui. Il suffit de se souvenir des simples formalités de contrôle à cette époque pour embarquer dans un avion.

Par les attaques terroristes du 11 septembre 2001, suivies des guerres en Afghanistan et en Irak, la gravité de l'histoire s'est rappelée au souvenir de l'Occident. Elle n'a jamais cessé depuis, et la barbarie de Daech s'exerce périodiquement par ses attentats sur le sol européen, dans nos lieux de vie les plus emblématiques.

La géographie aussi a démontré au continent européen qu'il ne pouvait échapper aux conflits gagnant ses frontières, en particulier sur le pourtour méditerranéen et les flux de réfugiés qu'ils entraînent.

Autre rappel douloureux, le dérèglement climatique a commencé à manifester sa sévère réalité.

Économiquement, enfin, la chute de Lehman Brothers, en 2008, et la grande récession qui s'en est suivie ont remis au grand jour les vices cachés du capitalisme financier.

Toutes ces crises ont trouvé leurs exploiteurs politiques, comme l'ont illustré les poussées nationalistes en divers scrutins. Longtemps modèle par excellence du *soft power* (puissance douce), l'Europe se retrouve confrontée dans un même moment aux brutalités de toutes sortes, qu'elles soient politiques, économiques, terroristes ou environnementales. C'est cette conjonction inédite et dangereuse, prenant de court notre vieux continent, qui a inspiré ce livre.

Faire l'Europe dans un monde de brutes, ce n'est pas s'en isoler superbement, s'en épouvanter impuissamment ou l'ignorer, comme si de rien n'était, mais lui répondre. La construction européenne peut retrouver là son sens profond. Angela Merkel l'a reconnu, les Européens doivent « prendre en mains (leur) propre destin », sans plus dépendre de leur allié américain, devenu si incertain. Sans non plus se laisser impressionner ni diviser par le cynisme de leur voisin russe.

Dans un monde de brutes, l'Europe doit protéger, comme le martèle Emmanuel Macron. Elle ne doit pas non plus craindre d'affirmer son identité, afin que les Européens se reconnaissent davantage dans son projet d'intégration.

Mais son mot d'ordre ne doit pas devenir pour autant un caricatural « *Europe first* » (L'Europe d'abord). Tout le défi actuel de la construction européenne est de redémarrer, dans ce rude contexte, sans renier ses fondements. Être ferme sur ses principes, sans se replier sur elle-même. Retrouver un leadership dans le monde, tout en se démarquant des méthodes des nouveaux hommes à poigne de la planète. Rester, au milieu des réactions politiques passionnées, ce havre de raison qui fait appel à l'intelligence collective. Qui n'abandonne pas les rapports de droit pour les seuls rapports de forces. Qui se montre attentif envers les plus fragiles. Qui se tourne vers son grand voisin l'Afrique. C'est le meilleur service que l'Europe puisse rendre au monde aujourd'hui.

C'est ce que fait valoir Enrico Letta dans ces pages, fruit d'entretiens menés depuis l'automne 2016. Dans cette ambiance tumultueuse, en cette période déboussolée mais en quête d'espoir, parler d'Europe avec ce « sage » est des plus rafraîchissants. Pas seulement parce qu'il en connaît les ressorts de longue date, il a arpenté les allées du Parlement européen comme celles de l'hémicycle italien, il a connu les nocturnes négociations européennes, comme ministre, et les sommets bruxellois, comme récent chef du gouvernement italien, et c'est un fidèle ami de la France depuis toujours. Mais aussi parce que, à 51 ans, il est libre de toute fonction politique, et qu'il a volontairement laissé son mandat et son traitement de député en Italie pour prendre de nouvelles responsabilités à Sciences Po Paris et à la tête de l'Institut Jacques Delors.

Enrico Letta pose aujourd'hui un regard mûr sur le projet d'Europe unie. Il ne martèle pas : « Plus d'Europe ! » comme un impératif indiscutable. Il contribue à passer du rêve des pères fondateurs à la dure réalité actuelle, sans se laisser pour autant impressionner ou arrêter par elle, ni renier le projet originel. Il met en garde contre d'autres « rêves » européens, ceux de murailles prétendument protectrices, de l'homme fort, providentiel, ou de démocratie directe. Il nous aide à prendre conscience de ce que nous sommes, nous, Européens, et à ne pas rougir de nos valeurs, bien au contraire. Il nous fait relire le chemin d'intégration parcouru pour tout à la fois l'apprécier et en repérer les failles. Il nous explique avec pédagogie où notre continent se situe devant les évolutions à l'œuvre dans le monde. Il nous montre que l'Europe n'avancera finalement – ou pas – que par un choix assumé. Comme le voulait l'ancien maire de Florence de l'après-guerre, Giorgio La Pira, avec ses administrés, Enrico Letta cherche à « hausser les esprits » de ses concitoyens sur l'Europe. Par ce livre, déjà paru dans plusieurs pays européens, il accompagne ce qui pourrait être un discernement collectif européen.

Le plus rafraîchissant aussi est d'écouter un homme politique parler sans que son message soit brouillé par un intérêt immédiat, un ego à satisfaire ou un jargon technocrate. Cela nous rappelle que, pour réussir à faire l'Europe, il ne suffit pas d'avoir un projet solide à mettre sur la table et un contexte historique porteur. Il faut également des dirigeants intimement européens et non de circonstance ou de façade. Des hommes et des femmes capables de donner envie d'Europe parce qu'ils l'incarnent avec passion et crédibilité. C'est pourquoi, renouer avec l'idée européenne, s'en réapproprier le sens, ne pourra qu'aller de pair avec un renouveau de l'engagement politique.

Sébastien MAILLARD

# Contre vents et marées

*L'Europe est malade. Gravement. L'arrivée au pouvoir en France d'Emmanuel Macron a redonné de l'oxygène à la construction européenne, mais tout reste à faire. Crise des migrants, attaques terroristes, chômage de masse dans plusieurs pays du continent, poussées nationalistes, Brexit, imprévisibilité de Donald Trump, provocations de Vladimir Poutine... Comment redonner vigueur à l'Europe unie quand le projet reste menacé de toutes parts ?*

C'est tout l'objet de ce livre. Il s'adresse d'abord aux nouveaux dirigeants français et allemand, car ils ont aujourd'hui une immense responsabilité pour redresser la barre.

Toutes les crises énumérées se sont ramifiées en une crise existentielle de l'Europe, mais dont il faut traiter toutes les causes sans tarder. L'enjeu n'est pas de sauver l'Union européenne en tant que telle. Elle n'a jamais constitué une fin en soi, mais un moyen pour nous prendre en mains. L'heure est bien plus grave. C'est tout l'esprit européen qu'il faut retrouver, c'est-à-dire l'envie de dépasser nos limites nationales pour aller plus loin ensemble, l'envie de coopérer et pas uniquement de se livrer concurrence, l'envie de partager avec le reste du monde. C'est cela qui est au cœur du projet d'Europe unie, cela qui nous rend européens.

La question est désormais de savoir sur quoi repose encore notre projet d'union. Au départ, il s'agissait de se réconcilier entre ennemis, à l'exemple de la France et de l'Allemagne. Aujourd'hui, il s'agit de vivre ensemble au-delà de nos différences, alors que nous sommes sous tension à l'intérieur de nos propres pays. Dans les deux cas, c'est un choix réel à affirmer, à la fois collectif et individuel, un sens à se réapproprier.

Faire l'Europe ne tombe jamais du ciel. Quand le projet n'est pas porté par une ferme volonté, elle-même amarrée à une vision claire et partagée, il n'avance plus que par inertie, sous le coup de la contrainte, dépeinte comme « bruxelloise », et, dès lors, ressentie comme une punition humiliante, voire comme une injustice à transgresser avec panache. Si l'Union européenne n'est plus perçue comme la *pax europea*, mais comme un empire de plus en plus dominé par l'Allemagne, elle verra éclore plus d'un village d'irréductibles. Et pas seulement les Gaulois d'*Astérix* !

Je ne suis pas un irréductible Européen par entêtement. Je le suis par la conscience, trop souvent ignorée, de tout ce qui rapproche culturellement, historiquement, nos peuples. Par la conviction que notre unité nous est d'un précieux secours pour nous protéger et nous affirmer dans un monde en profonde mutation. Et, enfin, je suis européen dans l'espoir que cette unité serve aussi à un monde qui risque de courir à sa perte.

Je sais que ce discours devient difficilement audible. Longtemps, on a prêché l'Europe dans le désert, désert politique et médiatique, car le sujet ennuyait. Le silence négligent, le non-dit calculé ou le jargon de l'entre-soi bruxellois ont fait passer en arrière-plan un projet fort mais tu. L'Europe s'est construite au fil de sommets nocturnes, comme loin de la lumière du jour. Aujourd'hui, à l'inverse, il faut prêcher dans la tempête, dans l'adversité, parfois au cœur d'une marée de mensonges. Toutes les insuffisances et contradictions du projet sont mises à nu et exposées au grand jour. Ses bienfaits sont vus comme quantité négligeable. Je ne vais pas faire ici un catalogue de mesures répondant aux différentes crises en cours. Chacune exigerait un corpus bien plus épais, et de savants rapports existent déjà. Ce qui a longtemps fait défaut, c'est la volonté politique d'agir, toujours repoussée. On n'a cessé de reculer devant le débat européen. On a laissé les détracteurs porter le fer au projet d'union, comme Marine Le Pen, Jean-Luc Mélenchon et d'autres candidats durant la campagne présidentielle française ou comme UKIP outre-Manche, sans riposter avec force. Mais quand on se retrouve dans la tempête financière, et qu'elle déloge des ménages surendettés, comme en Espagne ; dans la tempête sociale, et qu'elle s'éternise dans le chômage qui frappe tant de jeunes ; dans la tempête migratoire, et qu'elle renverse des rafiots de fortune en Méditerranée ; dans la tempête terroriste, et quelle tue soudain aveuglément à Paris, Bruxelles, Nice, Londres, Berlin ou Barcelone ; dans la tempête climatique, et qu'elle menace notre modèle de croissance, alors, au cœur de toutes ces tempêtes, il faut avancer coûte que coûte, contre vents et marées.

Rien ne sert de dresser des murs, de prétendre s'isoler du reste du monde sur une île ou de rebrousser chemin en rêvant des jours anciens. Rien ne sert non plus d'espérer qu'un coup de baguette magique dissipe les vents contraires, qu'un capitaine providentiel vienne prendre la barre, ni d'attendre passivement des vents plus favorables. Dans la tempête, il faut regarder la carte, se situer avec précision devant l'évolution du monde, et tenir une boussole pour fixer un cap à notre traversée. Durant toute ma vie politique, j'ai cherché à avancer muni de cette carte du monde avec cette boussole européenne que ce livre voudrait représenter.

Nous sommes confrontés à quatre crises distinctes, survenues de manière inattendue, même si elles auraient pu être anticipées : la crise économique, la crise des migrants, la crise du terrorisme et la crise du Brexit. Elles sont chacune différentes, mais ont comme trait commun de prendre au dépourvu l'Europe, qui manque d'instruments, aussi bien de la part des institutions européennes que des États membres de l'Union. Quand se lève une grande tempête, l'Europe ne dispose d'aucun abri.

Devant la crise économique et financière, l'Europe en a à ce point été dépourvue qu'il lui a fallu demander du secours au Fonds monétaire international. Quel aveu d'échec ! Elle s'est alors montrée incapable de se prendre seule en main et d'apporter la preuve qu'elle était plus avancée que les autres processus d'intégration régionale dans le monde. Les technocrates me répondent qu'on ne pouvait faire autrement, faute d'expertise disponible ailleurs. Et il est vrai que l'Europe fut complètement prise de court, tandis que les États-Unis sont sortis de la crise financière en neuf mois.

Pour la crise des migrants, on a manqué aussi d'une boîte à outils, d'un choix politique fondé sur nos capacités, nos critères d'accueil et nos règles de relocalisation. Les États de l'Union européenne ont, là encore, fait preuve de la même inertie qu'au début de la crise financière, tout en se plaignant que l'Europe ne réagisse pas.

De même, quand le terrorisme a frappé le continent – comme il continue de le faire –, l'Europe a encore été complètement prise au dépourvu. On sait bien que les services de renseignements des différents États n'échangent pas suffisamment d'informations entre eux. Preuve en est que les garder pour soi fait le jeu du terrorisme.

Le Brexit n'a pas davantage été anticipé, il a ouvert une nouvelle crise qui va durablement gêner l'Europe.

J'évoque séparément ces quatre crises en cours – économique, migratoire, terroriste, du Brexit – qui sont, chacune à leur façon, d'une dureté sans précédent, mais aussi parce qu'elles ne sont pas sans liens entre elles.

L'afflux de millions de gens désespérés autour des frontières européennes, via la Méditerranée et les Balkans, résulte aussi des crises internationales des quinze dernières années. Le terrorisme de Daech est une conséquence de ces conflits armés. De manière provocatrice, j'oserais faire le raccourci que la guerre en Syrie a entraîné la sortie de la Grande-Bretagne de l'Europe : la question posée aux Britanniques aurait dû porter sur leur identité nationale par rapport au continent et sur leur intérêt économique à rester dans l'Union, or elle s'est focalisée sur la question migratoire. Ce sont les images de Lampedusa, de Lesbos, de Calais, de Cologne et de la frontière entre la Hongrie et la Serbie, où affluaient des réfugiés de Syrie, qui ont été les plus déterminantes dans le vote des Britanniques, elles ont conduit au Brexit. Sans l'afflux des migrants, l'issue du référendum eût sans doute été différente.

On a vu les méfaits de trop tarder à réagir dans la crise financière. Aujourd'hui, avec trois autres crises à porter, ne rien faire consiste à ne pas se montrer à la hauteur des défis qui sont devant nous. Je crois donc que le statu quo a assez duré. Il serait même dangereux de le prolonger. Dans la vie politique peuvent exister des moments propices à une pause pour faire « digérer » les changements. Mais marquer aujourd'hui une pause dans la construction européenne ne facilite aucune digestion, ce n'est même pas faire du surplace, comme en cyclisme. Ce serait reculer. L'Europe a pris des coups, ne pas réagir n'est pas la solution.

C'est pourquoi, la France et l'Allemagne doivent être à la manœuvre, sans tarder. Pendant la longue période électorale qui s'est déroulée des deux côtés du Rhin, le monde a continué de tourner. Trump, Poutine ou Erdogan agissent. L'évolution de nos sociétés aussi se poursuit. Elles sont travaillées par la défiance, sinon l'hostilité, envers les politiques en particulier et les élites en général, par le délitement des liens sociaux, au risque de la solitude. Tout cela mine le projet européen à sa racine. Trop attendre pour agir rendrait très difficile le redressement de la situation, le réchauffement des esprits, le retour de l'ardeur à avancer. Si on ne bouge pas, on prend le risque d'un dépérissement des réalisations européennes.

Ce risque est d'autant plus réel que le Brexit a failli faire perdre au projet européen beaucoup de son attractivité. Il a suffi de quelques centaines de milliers d'Anglais pour faire basculer la majorité en faveur d'une sortie du Royaume-Uni de l'Union européenne et tenter ainsi de faire passer le message de la faillite de l'Europe en tant que telle.

On se souvient qu'en 1973 les Britanniques avaient attendu de voir que l'Europe fonctionne avant de la rejoindre. Leur départ, désormais programmé, envoie le signal inverse : ils ont compris que l'Europe ne fonctionnait désormais plus et qu'il était temps de la quitter. On a fait valoir, trois mois après les résultats du référendum, que l'économie britannique n'avait pas été affectée par le Brexit. Une manière d'insinuer que sortir de l'Europe n'est pas si dangereux et que cela pourrait même être bénéfique aux Anglais. Mais la sortie effective de la Grande-Bretagne ne devrait pas avoir lieu avant 2019 ! Le Brexit n'est pas encore effectif, mais c'est tout comme. Il est déjà digéré, intégré. C'est pourquoi, rien ne sert d'attendre sa formalisation légale pour imaginer l'Europe d'après. Il faut prendre cette nouvelle donne à bras-le-corps et se mettre tout de suite en marche, avec conviction et détermination. Je suis contre l'idée de ne rien faire pour l'Europe et de marquer une pause. Une pause pour attendre quoi ? Une situation pire encore.

La période électorale française l'a rappelé, les pays sont avant tout naturellement penchés sur eux-mêmes. Ils ne pensent pas pouvoir tirer profit de ce qui se passe en Europe, présentée en outre comme la cause de tous les problèmes et où les gouvernements cherchent d'abord à limiter les pertes. La politique, de fait, reste une affaire très nationale. Mais, on l'a vu dans la réponse à la crise économique, il ne suffit pas que chaque État mette lui-même en ordre ses finances publiques et conçoive des réformes structurelles pour s'en sortir. Balayer chacun devant sa porte n'est qu'une partie de la solution. Des décisions prises à Bruxelles ou à Francfort (siège de la Banque centrale européenne) ont un impact énorme ensuite dans la vie nationale de chaque pays. Il faudrait que les dirigeants politiques et les médias, à leur tour, expliquent que ce qui se passe au niveau européen est au moins aussi important, aussi influent, qu'au niveau national. À l'inverse, on cherche trop à taire l'importance des décisions communes, à nier leur part européenne.

On a besoin de dirigeants politiques qui, au lieu de faire semblant d'agir au niveau national ou de faire monter les enchères par des promesses intenables, disent la vérité sur la répartition des compétences entre les niveaux national et européen, sur leur importance mutuelle et leur articulation. Le président français est à la fois un chef de l'État et un décisionnaire européen, comme les dirigeants des autres pays de l'Union. Les ministres nationaux décident ou bloquent les projets de directives. La seule façon pour la politique de retrouver son élan, de retrouver la complicité, la confiance, avec les électeurs est de leur dire la vérité, et non de les traiter comme des enfants en la leur cachant. Sinon, on suscite des attentes forcément déçues, au risque d'être ensuite sorti des urnes. Cette exigence de vérité est plus impérative encore à l'heure du numérique, de l'information immédiate, de la demande de transparence et du souci accru de faire participer les citoyens.

Pour sortir l'Europe du statu quo et relancer le projet, l'autre exigence du discours politique – et médiatique – est de sortir du « court-termisme », qui est en contradiction avec l'évolution réelle des faits et qui fausse notre jugement. Il faut rappeler que, d'ordinaire, les causes et les effets se produisent en des temps différents, parfois à des années d'écart. Les réformes du marché du travail menées en Allemagne par le chancelier Gerhard Schröder, au début des années 2000, ont produit leurs effets des années après son départ. Mais on feint de croire, y compris dans les journaux, qu'un choix politique aura des conséquences immédiates, qu'une loi changera la donne dès son adoption. Dire la vérité en politique, c'est expliquer que le choix d'aujourd'hui ne portera pas de fruits dès demain matin. C'est plus vrai encore à l'échelle européenne. Aux responsables politiques, mais aussi aux médias de l'expliquer plutôt que de faire des rapprochements cause-effet aussi précipités que faux. La lutte contre le réchauffement climatique illustre, à cet égard, cette irremplaçable pédagogie. Elle est menée en pensant à nos enfants et au monde dans lequel ils vivront, puisque les rapports de cause à effet ont des relations de long terme. Les choix que nous accomplirons, ou non, aujourd'hui auront pour eux des conséquences demain. Sortir du court-termisme, c'est aussi le sens d'un « capitalisme de la patience » qui prend forme, à travers notamment l'économie sociale et solidaire, les entreprises associant rentabilité et intérêt général.

Faire l'Europe relève de ces grands choix d'avenir qui requiert patience et persévérance contre vents et marées. C'est le sens de ce livre : on fait l'Europe non pas parce qu'on est obligé de la faire, parce qu'un courant dominant nous y porterait, parce que des héritages nous y obligent ou parce que l'inertie nous y entraînerait, mais, avant tout, par choix politique responsable, dans le but de protéger nos concitoyens, de réagir collectivement aux défis communs de notre temps et d'élargir nos horizons pour l'avenir.

# Du munster pour le douanier

*Enrico Letta, vous êtes né à Pise et avez grandi à Strasbourg. Vous avez exercé les plus hautes responsabilités politiques à Rome, et vous vivez aujourd'hui à Paris. Cet itinéraire géographique suffit-il à faire de vous un « irréductible Européen » ?*

Oui, en effet, ma carte personnelle comprend l'Italie, avec Pise, où je suis né, et la France, avec Strasbourg, où j'ai en partie grandi. La vie personnelle influence la pensée. Donc cet itinéraire compte. Le passage décisif fut Strasbourg. Cette destination fut pourtant, à l'origine, le fruit du hasard. Mon père était un mathématicien spécialisé dans les probabilités. Il avait reçu une offre attrayante de l'université de cette ville française, comme il aurait pu en recevoir provenant d'autres établissements. Je suis reconnaissant à mes parents d'avoir laissé leur situation à Pise pour déménager en Alsace. Ce choix ne présentait rien d'évident dans les années 1970.

Arrivé à Strasbourg, le plus marquant pour moi fut de grandir près d'une frontière. On allait en Allemagne pour faire des achats. L'essence était moins chère d'un côté ou de l'autre. J'ai passé mon enfance sur cette frontière entre la France et l'Allemagne, sur ce *limes*. Je n'emploie pas ce terme latin pour faire savant mais parce qu'il s'agissait vraiment, au sens étymologique, d'une limite. On passait la frontière en étant contrôlé. En Alsace, on disait que le meilleur moyen d'éviter les ennuis aux douanes était de placer un munster frais dans le coffre. Le douanier le refermerait aussitôt !

En ces années 1970, à Strasbourg, j'ai grandi pendant que prenait forme l'idée d'un Parlement européen élu au suffrage universel. Les premières élections européennes se sont tenues en 1979. Je n'avais que 12 ans, mais je me souviens de l'émotion alors suscitée. Les attentes ont été déçues, car cette assemblée ne disposait encore que de peu de pouvoirs. Je ne savais pas que je retrouverais l'hémicycle strasbourgeois bien plus tard, en 2004, comme député européen.

Pendant ces années strasbourgeoises, j'ai vécu la phase durant laquelle l'Europe était synonyme de rêve, qui a duré jusqu'au début des années 2000. Jusqu'alors, pour la plupart des citoyens, l'Europe représentait au mieux des opportunités positives. Au pire, elle laissait indifférent. Mais, hormis les agriculteurs de temps à autre, personne n'en parlait négativement. La perception dominante était que l'Europe ajoutait quelque chose. Elle était associée à l'idée de démocratie pour des pays comme la Grèce, l'Espagne et le Portugal, puis pour les pays de l'Est européen. Elle contribuait à des réalisations concrètes, en apportant des fonds pour bâtir des routes et des ponts dans les régions les moins riches de nos pays, pour financer des formations ou rénover l'école du village. Tant de villes reculées de la péninsule Ibérique ont ainsi pu se refaire une beauté. L'Europe offrait aussi, à travers ce qu'on a d'abord appelé le « Marché commun », de nouveaux débouchés. Elle nous faisait découvrir des produits d'ailleurs.

Je le mesure d'ailleurs aujourd'hui, alors que je suis à mon tour établi avec ma famille en France. Dans ma jeunesse, lorsque nous retournions à Strasbourg, en septembre, après les vacances – nous ne rentrions qu'une fois par an en Italie –, la voiture était remplie de pâtes italiennes. On ne trouvait pas les mêmes en Alsace et, en tant qu'Italiens, il fallait survivre ! *(Sourire.)* Maintenant, n'importe quel supermarché en France vous propose une gamme étendue de *pasta*.

Autre différence marquante : l'information. Dans ces années 1970 en France, je m'intéressais naturellement à l'épopée des Verts à Saint-Étienne, et j'ai gardé de cette période de mon enfance une affection particulière pour les Stéphanois. Mais je voulais bien sûr suivre le championnat italien. Mes parents étaient abonnés à un quotidien italien, qui nous arrivait avec deux jours de retard. Chaque mercredi, lorsque je rentrais à la maison après mes activités, j'ouvrais avec précipitation le numéro en date du lundi, qui donnait les résultats du championnat italien de football du dimanche passé. Avec donc trois jours de retard, je suivais les résultats du Milan AC, mon équipe favorite – qui l'est toujours.

Quand je raconte ces souvenirs, j'ai l'impression d'avoir vécu au XIX^e^ siècle ! Aujourd'hui, par Internet, mes enfants suivent en direct tous les championnats européens. Ils discutent continuellement avec leurs amis de Rome, via les réseaux sociaux, là où nous échangions quelques cartes postales dans l'année. Et nous rentrons en Italie facilement, à diverses reprises, en empruntant les compagnies à bas coût, Easyjet, Vueling, Transavia, Hop ! ou Ryanair. S'offrir un week-end à Barcelone ne requiert pas d'être fortuné ni une organisation très compliquée. Tout cela illustre, sans qu'on en prenne conscience tous les jours, à quel point l'Europe a su se moderniser, comment elle a contribué à changer notre quotidien.

Après ce que j'avais vécu à Strasbourg, je me suis tourné de moi-même très rapidement vers ce « rêve » européen. Par réalisme aussi. Je pourrais comparer mon approche de la politique, à partir du milieu des années 1980, à celle que j'avais eue de l'athlétisme à l'école. Dans cette discipline, tout le monde voulait courir le 100 mètres. La sélection était féroce et je n'étais pas un champion. L'entraîneur m'avait conseillé la course de haies, plus technique, moins convoitée mais qui permet aussi de se dépasser. Je me suis spécialisé dans le 110 et le 400 mètres haies. De même, en politique italienne, tout le monde voulait s'occuper du niveau national. En rejoignant les jeunes de la Démocratie chrétienne, j'ai vite compris que faire de la politique au niveau européen attirait moins les autres et exigeait, comme dans la course de haies, d'appliquer plus de technique à la passion. Aller vers l'Europe offrait moins de retour immédiat, mais ouvrait des tas d'autres opportunités dans les enceintes politiques de jeunesse européenne.

Ainsi, en tant que président des jeunes démocrates-chrétiens européens, je me suis retrouvé dans des lieux où, à la charnière des années 1980 et 1990, j'ai pu rencontrer deux personnages qui, hors d'Italie, ont politiquement changé mon existence : le chancelier allemand, Helmut Kohl, et Jacques Delors, qui était alors président de la Commission européenne. Ces hommes ont su tirer, à partir des bouleversements de la fin de la guerre froide, une énergie positive, bénéfique à toute l'Europe. Ils ont su profiter de ce moment exceptionnel pour faire l'euro et pour poser, avec le traité de Maastricht, les piliers fondateurs d'autres politiques européennes, qui se révèlent clés pour les défis globaux d'aujourd'hui : la sécurité commune et les affaires intérieures.

Ce fut sans doute le moment le plus positif de la construction européenne. Je me souviens d'une réunion organisée à Pise, en février 1990, au cours de laquelle Helmut Kohl obtint le feu vert pour la réunification immédiate de l'Allemagne avec ses partenaires européens. J'ai vu tous ces hommes politiques en action. J'ai été fasciné par cet élan, cette vision, par tout ce travail accompli. J'ai vécu ces années historiques, 1989, 1990, 1991, entre

Pise, Rome et Bruxelles. Je me sens aujourd'hui comme le fils de cette période charnière, le vecteur de cette force libératrice, le produit de cette énergie créative.

Par la suite, on n'a jamais tenu le même rythme. Au fur et à mesure qu'on s'est éloigné de l'événement déclencheur que fut la chute du mur de Berlin, l'esprit de réforme européen s'est estompé. La formidable énergie libérée par cet événement a peu à peu diminué, comme retombe la poussière. Plus on s'éloigne de cette période de destruction créatrice, dont l'histoire sait être porteuse en certains moments, plus les traités européens successifs – Amsterdam, Nice – ont perdu de substance, jusqu'au désastre du traité constitutionnel et de la période actuelle.

Sur mon chemin européen, j'ai bien sûr croisé de grandes figures européennes italiennes. Des rencontres fondatrices. Au départ, c'est Beniamino Andreatta (homme politique et économiste du centre-gauche italien, 1928-2007) qui m'a formé. Il m'a transmis la conviction que l'Europe représentait, pour l'Italie, le repère essentiel. J'ai grandi politiquement avec cette conviction. J'ai été le dernier des élèves de Nino Andreatta. Romano Prodi (ancien président du Conseil italien et ancien président de la Commission européenne), avec qui j'ai travaillé plus tard, en fut le premier. Nous avons eu ainsi, en Italie, des leaders politiques qui avaient l'Europe dans leur ADN, et qui l'ont marquée par leur action.

Dans cette lignée, il faut ajouter aujourd'hui Mario Draghi (président de la Banque centrale européenne depuis 2011). S'il y avait un bilan à dresser de la situation présente de l'Europe, Mario Draghi serait assurément à inscrire dans la colonne positive. L'histoire montrera qu'il a sauvé l'Europe. Il a pris ses responsabilités, joignant vision et action. Au moment où les banques incarnent tout ce qui attise la colère des citoyens, Mario Draghi a fait de la Banque centrale européenne une institution non seulement acceptée, mais considérée comme la seule ayant vraiment agi efficacement contre la crise financière, un repère pour les entreprises. Avec la Commission européenne, c'est aussi la seule garante de l'intérêt général au nom duquel elle a pris des décisions qui ont chagriné ses membres allemands.

Ainsi, l'Europe, c'est toute ma vie politique. Mais c'est aussi l'incarnation de tout ce que je pense de la vie et de la politique.

Pour moi, la vie tire toute sa richesse intérieure de la rencontre avec l'autre. Voilà l'essentiel. Seul, on ne va nulle part. Ma devise en politique est le proverbe africain : « Si tu veux aller vite, agis tout seul ; si tu veux aller loin, agis ensemble avec les autres. » Personne, ni aucun pays, ne fait l'Europe à lui tout seul ou alors ce serait une dictature. L'Europe, c'est la rencontre avec autrui, la vie ensemble, la mise en commun.

C'est donc le dépassement de soi. L'ouverture des frontières le représente. Celles-ci sont une composante essentielle de la vie des peuples et en même temps leur fixent des limites. L'Europe a permis, non pas de supprimer les frontières, mais de les traverser, de les surmonter, en somme de faire reculer les limites de nos existences.

L'Europe rejoint aussi ma conception de la politique, qui est d'agir avec les autres et non sous leur coupe ou en les soumettant. Romano Prodi compare l'Europe à une « union de minorités ». Dans la construction européenne, personne n'est majoritaire, personne ne domine ni n'écrase. L'originalité, et la force, du projet d'intégration européenne est d'accorder à tous les pays le même niveau de reconnaissance, de considérer chaque nation à part entière, de traiter chaque peuple – et chaque personne – avec la même dignité. Un Estonien ne vaut pas moins ou plus qu'un Espagnol. Ce qui fonde d'abord le pouvoir d'un membre de la Commission européenne n'est pas

– en tout cas ne devrait pas être – sa nationalité, mais le poids et l'étendue de son domaine de compétences. Sans toujours y parvenir en pratique, l'intégration européenne repose sur cette conception. Les rapports entre États et ceux avec les institutions européennes doivent être noués dans cet état d'esprit.

C'est ce qui confère à notre projet d'union sa singularité. Ailleurs dans le monde existent des processus d'intégration, mais il s'agit plutôt de majorités qui annexent des minorités. L'Europe est le contraire d'un projet impérial. La poussée du sentiment anti-européen, du moins d'un malaise à l'égard du projet européen, vient de la perte de cette perception, au profit d'une autre, en l'occurrence qu'un pays est désormais plus fort que tous les autres. En clair, que l'Allemagne domine.

La définition de l'Europe comme union de minorités est pourtant primordiale, car elle repose sur une valeur cardinale pour un monde de plus en plus interconnecté : le respect mutuel. Dans *Le Monde d'hier*, selon le titre d'un livre de Stefan Zweig, on ne se mélangeait pas, on ne rencontrait rien de trop différent, d'inhabituel ou d'imprévu au cours de sa vie. Aujourd'hui, on ne peut se confronter à la différence sans porter en soi, non pas de manière superficielle, mais en profondeur, le sens du respect. Le projet d'Europe unie expose chacun de nous à la différence, mais en cultivant cette valeur du respect.

Quand je parle d'agir ensemble, du respect des différences, de rencontre avec les autres, je m'inscris dans la pensée chrétienne, dans le même courant que le personnalisme de Jacques Maritain et d'Emmanuel Mounier, une philosophie contemporaine des pères fondateurs de la construction européenne. Celle-ci a démarré avec la démocratie chrétienne, qui n'a pas exercé pour autant d'exclusivité sur le projet d'Europe unie. Le projet s'est aussi développé en se confrontant à la pensée libérale et à la pensée socialiste, mais sa marque de fabrique chrétienne est indéniable.

Aujourd'hui le magistère sur l'Europe du pape François offre l'un des apports les plus intéressants des dernières années. C'est un message fort, qui fait l'effet d'un fouet parce qu'il émane d'un pape non européen mais qui ne craint pas de s'adresser aux Européens, comme il l'a fait en 2014 à Strasbourg, en 2016 en recevant le prix Charlemagne, et en 2017, à l'occasion du 60e anniversaire du traité de Rome.

Le pape François permet de retrouver le fil du projet européen en resituant celui-ci à l'échelle du monde, en le regardant depuis la périphérie du reste du monde. C'est en ouvrant ainsi grand notre regard qu'on peut ressaisir le sens de l'intégration européenne. Paradoxalement, on comprend mieux aujourd'hui l'Europe lorsqu'on la contemple depuis un autre continent.

Aujourd'hui, dans ma vie, l'Europe n'est pas seulement un engagement politique. Elle rejoint le projet éducatif que je porte, à Paris, comme directeur de l'École des affaires internationales de Sciences Po.

Le monde de l'éducation est en plein bouleversement, comme le monde politique. Internet change l'enseignement beaucoup plus qu'on ne le suppose. Google et Wikipédia vous donnent déjà beaucoup d'informations nécessaires qui auraient naguère relevé de l'enseignement classique. Mais Internet ne vous fournit pas de boussole pour vous repérer dans la masse d'informations, la gérer et en faire bon usage. Le grand changement dans la mission éducative consiste à passer d'un rôle de transmetteur de connaissances à celui de donner une boussole. C'est une mission nouvelle, complexe et fascinante, qui fait évoluer la pédagogie. Il est évident que le modèle du professeur qui parle deux heures à des étudiants prenant en note le cours est dépassé. Il faut innover, et pas seulement par les « Mooc », ces cours ouverts et disponibles en ligne.

Je pense à deux expériences intéressantes que j'ai vues à l'épreuve. D'une part, le choix, à Singapour, de la Lee Kuan Yew School of Public Policy, dirigée par Kishore Mahbubani, de confronter les étudiants simultanément à des disciplines différentes pour leur faire comprendre et comparer la diversité des approches. Cela consiste, à côté d'un cours classique d'économie ou de droit, à ajouter une leçon sur un même thème, abordé simultanément par un économiste, un juriste et un expert d'une autre science sociale. Cela fait valoir la complexité de compréhension d'un même sujet.

L'autre expérience a été menée entre Sciences Po, à Paris, et la Georgia Tech, à Atlanta, aux États-Unis. Pendant un semestre entier, deux classes d'une trentaine d'étudiants se sont connectées par vidéoconférence. Les deux groupes, menés par Vanessa Scherrer et Joe Bankof, ne se sont jamais rencontrés physiquement, mais ont beaucoup appris l'un de l'autre, interagissant intensément. Ce fut un réel succès, cohérent avec la volonté de Sciences Po, sous la direction de Frédéric Mion, de chercher à rendre l'offre d'enseignement de plus en plus compétitive au regard de ce qu'offrent les nouvelles technologies.

C'est un enjeu pour l'avenir de nos formations en Europe.

Procurer une boussole pour se repérer dans la masse d'informations disponibles, de toute nature, pose un défi aussi au journalisme. En prenant la présidence de l'Institut Jacques Delors, j'ai lancé le projet d'une académie qui forme à la manière de faire l'Europe. Le but est de sensibiliser divers publics, non familiers de ces questions, parmi les jeunes, dans la presse et auprès des nouveaux venus en politique, à s'orienter dans la complexité européenne. Cela répond aussi au besoin, qu'a toujours exprimé Jacques Delors, de pouvoir se former tout au long de la vie. Un besoin primordial sur notre vieux continent.

# L'Europe sait qu'elle est devenue mortelle

*Votre génération a grandi avec le rêve européen. Mais ce rêve s'est brisé. Avant même l'introduction de l'euro, avant même l'élargissement de l'Union, l'Europe s'est toujours montrée dans l'incapacité de s'adresser directement à ceux désignés comme les « perdants » de la mondialisation. Comment expliquez-vous ce décrochage ?*

Durant la longue phase initiale où elle a représenté un rêve collectif, l'Europe échappait au cercle traditionnel des responsabilités démocratiques, celui où la politique est l'affaire de partis et où les corps intermédiaires comptent. Dans ce cadre ordinaire, lors des élections, le citoyen, à l'échelon de sa commune, soutient ou sanctionne son maire ; à l'échelon national, son président ou chef de gouvernement. Il met des visages sur le banc des accusés, et il dispose d'un bulletin de vote pour sanctionner ou pour approuver. L'Europe est longtemps restée en dehors de ce cercle, mais cela importait peu au citoyen pour qui, comme je l'ai expliqué, l'Europe ne représentait le plus souvent qu'un supplément positif sinon neutre, invisible.

Le projet européen traçait un horizon d'unité qui le rendait aimable, mais qui restait suffisamment lointain pour ne pas être pris trop au sérieux. La seule période où l'Europe a seulement vraiment été critiquée fut durant la guerre dans l'ex-Yougoslavie pour son manque de réaction. Mais cela reste l'exception. Durant toute cette phase, l'Europe n'a d'ordinaire jamais siégé sur le banc des accusés. En outre, à cette époque, les Français et les Espagnols, tout comme les Italiens, ont figuré parmi les plus europhiles.

Tout a basculé avec l'arrivée de l'euro dans nos portefeuilles, à partir de 2002. La monnaie unique a soudain mis l'Europe sur le banc des accusés. Et cela n'a pas été anticipé. On a expliqué par exemple que les politiques économiques restaient nationales et qu'elles n'étaient donc pas du ressort de l'Europe. Mais, pour le citoyen, la monnaie est inséparable de l'économie. La force symbolique de la monnaie a été complètement sous-estimée. Or, la vie collective est faite de symboles : le drapeau, l'hymne, les frontières, l'uniforme militaire, le blason. Ils sont très importants. La monnaie unique a donc jeté l'Europe dans l'arène politique, sans qu'elle y soit préparée.

Autre raison expliquant la fin du rêve : cette monnaie a été conçue pour fonctionner en période de vaches grasses, pas de vaches maigres. Elle était prête pour l'été, pas pour l'hiver. L'euro a commencé à circuler dans une période de croissance – non sans, d'entrée de jeu, nourrir l'impression de faire augmenter les prix. Mais, dès que la situation économique s'est dégradée, dès le premier coup de froid, l'Europe s'est retrouvée pointée du doigt. Seulement, le citoyen ne pouvait pas y mettre un visage, à la différence d'autres responsables démocratiques comme son maire, son député, son président de Région ou son chef de gouvernement. Certes, il peut voter aux élections européennes tous les cinq ans, mais il considère comme très faible l'effet de son bulletin de vote sur le cours des politiques européennes.

De surcroît, pendant ce temps, les autres échelons démocratiquement responsables, le maire, le président…, se sont défaussés tous contre l'Europe. Ils en ont fait leur bouc émissaire : « C'est à cause de Bruxelles ! » La lente force destructrice de cette accusation récurrente a été, elle aussi, sous-estimée.

En résumé, après l'introduction de l'euro, l'Europe est sortie de la phase du rêve pour se retrouver en responsabilité politique : mal outillée, non préparée, sans défense, prise de court. Cette situation fut d'autant plus dure que la même Europe s'est retrouvée confrontée, dès 2008, à l'hiver économique et financier le plus rude depuis la dernière guerre. Les Espagnols, les Grecs, les Portugais l'ont sévèrement éprouvé.

L'erreur, aujourd'hui bien admise, est qu'on a fait l'union monétaire, l'euro, sans l'assortir d'une union économique. Jacques Delors avait pourtant prévenu dès le début. Durant les premières années de création de l'euro, de 1999 à 2005, la convergence des économies a avancé. Les Allemands n'ont pas voulu entreprendre d'autres intégrations que la monnaie. La divergence a explosé avec la crise financière de 2008, qui a creusé l'écart entre l'Europe du Sud, d'un côté, et l'Allemagne, de l'autre. Pendant qu'outre-Rhin le chômage a reculé de 39 % entre 2007 et 2014, il a augmenté de plus de 36 % en France, de plus de 98 % en Italie et de près de 187 % en Espagne ! Les tendances ont aussi progressé en sens contraire, si l'on considère l'investissement ou d'autres indices économiques. C'est pourquoi il ne fallait pas faire l'euro seulement pour l'été, mais aussi pour l'hiver. Autrement dit, réaliser l'union économique et sociale et pas seulement monétaire. J'y reviendrai.

Il en va de même pour le grand élargissement de l'Union européenne aux anciens pays communistes. On a accepté ces adhésions « pour l'été », sans anticiper l'hiver politique. Depuis qu'est survenue la crise des migrants, on voit une Europe de l'Ouest en profond désaccord avec plusieurs pays de l'Est, en particulier la Pologne et la Hongrie. Mais il y a eu, avant cela, un désenchantement à l'Est vis-à-vis de l'Europe, qu'on a sous-estimé. Cela vient de la lenteur que ces pays ont mis à rejoindre l'Union européenne. Cette critique peut étonner tant on retient le plus souvent, à l'Ouest, qu'au contraire l'Europe s'est élargie trop vite. Mais, ici encore, les symboles comptent. En 1990, François Mitterrand avait proposé de créer une « Confédération européenne » ouverte aux anciens pays communistes. Et il avait raison (voir le chapitre : « Devant Trump, devenons adultes »). On aurait ainsi redonné tout de suite leur dignité politique à ces pays. Ils étaient des soutiens naturels à la construction européenne, qui représentait, pour eux, la paix et la démocratie. Cette dignité politique aurait permis de séparer les délais techniques liés aux négociations d'adhésion à l'Union.

Au contraire, on a traité ces pays, durant quatorze ans, comme des joueurs de seconde division, par une approche dogmatique et non pas flexible. On s'est montré créatif pour l'ex-Allemagne de l'Est en autorisant la réunification, mais on ne l'a pas été envers les autres. Ils en ont gardé de la méfiance à l'égard de l'Europe de l'Ouest. Leur ressenti est mauvais. Pour preuve, la participation dans ces pays aux élections européennes reste désastreuse. Les grands pays de l'Union n'ont pas pris conscience du leadership qui était nécessaire de leur part pour mener à bien l'élargissement. Ils n'ont pas préparé leurs propres opinions publiques à la réconciliation du continent. Ils ont *subi* l'élargissement, devenu un processus technique progressant comme par inertie. Ils n'ont pas adhéré pleinement à ce qu'ils concédaient, sur la défensive, comme ne pouvant faire politiquement autrement. J'entends encore la remise en cause du bien-fondé de l'élargissement, considéré comme une erreur fatale à la construction européenne, alors que c'est sa vocation originelle d'unir le continent.

Imaginons un instant ce qui se produirait si ces pays se trouvaient actuellement en dehors de l'Union. L'influence russe sur cet espace aurait toute latitude pour s'y exercer de nouveau.

Les antagonismes entre pays se seraient envenimés face à la guerre en Ukraine. Il faut aussi apprécier à cette aune l'élargissement de l'Union européenne. Imaginez ce qui se serait produit si l'Europe n'avait pas été réunifiée lorsque la guerre a éclaté entre la Russie et l'Ukraine. Pour des pays proches de l'Ukraine, comme la Pologne et la Lituanie, le fait d'être dans l'Union a tempéré leur réaction. Cela les a sans doute empêchés de partir en guerre, à leur tour, en soutien à l'Ukraine. Je n'ose imaginer ce qui se serait produit dans cette partie du continent sans l'élargissement...

La perspective d'adhésion européenne exerce toujours aujourd'hui un effet pacificateur et stabilisateur. L'ex-Yougoslavie n'a pas eu cette perspective et elle a connu la guerre. Depuis que les pays des Balkans ont cet horizon, ils accomplissent bon an mal an les efforts, les réformes nécessaires, pour pouvoir un jour adhérer. La région dispose ainsi d'une trajectoire sur laquelle se reconstruire. L'élargissement n'a pas tué le projet européen, il l'a, au contraire, fait advenir.

Le problème se trouve ailleurs. À l'Ouest, comme à l'Est, le rêve européen s'est d'abord brisé du fait que, partagé au départ par tous, il n'a bénéficié, en réalité, qu'aux élites. Comment une personne qui n'est ni « connectée », ni polyglotte, ni mobile, pourrait-elle se montrer réceptive aujourd'hui à l'unité du continent ? Ce problème de fond est en train de remonter au grand jour. On a trop développé l'idée que, pour saisir l'importance de l'Europe, il fallait appartenir à la partie de la population qui est cosmopolite, qui parle plusieurs langues, travaille dans les milieux internationaux, et profite de la mondialisation au lieu de la subir. Comment faire en sorte que l'Europe ne parle pas seulement à la moitié « gagnante » de la population ? On parle de « génération Erasmus », mais, en trente ans, tout le monde n'a pas bénéficié de ce programme interuniversitaire d'échanges – loin de là – tout simplement parce que tout le monde ne va pas à l'université.

Il faut que l'Europe se penche beaucoup plus sur cette population pour laquelle la construction européenne ne présente pas d'avantage évident, ne répond pas à un dessein allant de soi. Ce clivage sociologique fut flagrant, en 2016, dans le référendum britannique sur la sortie de l'Union européenne : tout l'*establishment*, ceux qui vivent dans des villes-monde, comme Londres, se sont déclarés en faveur du « *remain* », c'est-à-dire pour rester dans l'Union. Ce fut l'exact opposé dans les campagnes, là où sévit le chômage. On l'a observé aussi dans l'élection présidentielle autrichienne de

2016, entre villes pro-européennes et monde rural tenté par l'extrême droite. Le même clivage est ressorti, à grands traits, de l'élection présidentielle française, opposant les territoires périphériques lepénistes, parfois mélenchonistes ou abstentionnistes, et ceux urbains et connectés votant Macron. Le défi aujourd'hui pour l'Europe est de ne plus être vue comme soutenant uniquement l'élite, ayant été construite par et pour celle-ci. Elle doit montrer qu'elle est d'abord du côté des peuples qu'inquiète une mondialisation débridée.

La fin du rêve européen, à la suite d'une union monétaire sans union économique, d'un élargissement mal « digéré » et des contrecoups de la mondialisation, fait qu'on perçoit aujourd'hui l'Europe comme mortelle. C'est une prise de conscience nouvelle. Tant que l'Europe représentait un rêve, on contemplait ce projet comme un enfant, ses parents : un couple solide, infaillible, une référence exemplaire, incapable de se déchirer et qui offre un parcours assuré vers l'avenir. La seule question était la vitesse de ce parcours, le nombre de petits pas à accomplir. Quand on grandit, on réalise que ses parents sont fragiles comme soi-même. Aujourd'hui, on découvre la même chose avec la construction européenne. Elle ne va pas de soi. Elle n'est pas si solide, elle peut se détricoter, voire se disloquer. Le divorce est possible. Le Brexit en révèle la manifestation la plus dramatique. On comprend que le pire n'est pas inévitable, que le nationalisme peut revenir, que ce qui a été réalisé peut être perdu.

L'histoire ne revient jamais en arrière, mais elle peut prendre des directions différentes. La direction de la guerre n'est pas à exclure. Le nationalisme a toujours besoin d'un ennemi. Ce peut être « Bruxelles », le « travailleur polonais » ou tout autre étranger. Quand le nationalisme revient, on n'est plus entre partenaires en Europe, on compte ses amis et ses ennemis.

# Les murs nationalistes ne protègent de rien

*En France, en Grande-Bretagne, aux Pays-Bas, en Pologne ou en Hongrie, et dans d'autres pays encore, les discours nationalistes et protectionnistes défient une Europe tournée vers le commerce mondial. Que peut-on leur répondre ?*

L'Europe a connu d'importants bouleversements économiques depuis le début du millénaire. D'abord l'euro. Depuis la mise en circulation de la monnaie unique, chacun a compris que l'Europe comptait et décidait, et l'a placée au centre. Il faut entrer dans la psychologie collective à l'égard de l'Europe, qui a changé depuis l'arrivée de l'euro. Le nom même de la monnaie, l'euro, désigne l'Europe comme responsable. Du coup, si je ne suis pas content, je dis que c'est à l'Union européenne d'agir, même si elle n'en a pas toujours les compétences légales. Par exemple, affirmer que l'Europe est responsable du chômage de masse est un peu court. Le chômage est quasi nul en Allemagne ou aux Pays-Bas alors qu'il reste important en France, en Italie ou en Espagne. Même au sein de l'Italie, le taux de chômage est très variable entre le nord et le sud du pays. La question du « coupable » véritable est donc très complexe.

D'autant que d'autres facteurs que l'euro sont intervenus depuis le début du XXIe siècle. On peut au moins désigner l'énorme accélération du progrès technologique. Il a bouleversé notre vie quotidienne au cours des quinze dernières années, notre façon de produire et de travailler, notre rapport à la hiérarchie. Cette révolution numérique, toujours en cours, a été concomitante avec l'arrivée de l'euro.

Autre élément marquant durant cette même période : la montée en puissance de la Chine comme « atelier du monde » et son entrée dans l'Organisation mondiale du commerce (OMC), qui a accéléré les échanges avec ce géant.

Le début de notre millénaire se caractérise donc par ce triple changement, monétaire, technologique et commercial, qui a eu pour effet de booster l'intégration mondiale. Le fait de disposer à la fois de la même devise, de pouvoir communiquer instantanément des données n'importe où et de faire de cette gigantesque économie qu'est la Chine un partenaire à part entière a créé un choc sans que les populations y soient préparées. Cela a heurté de plein fouet des pans de l'économie et de la société dans de nombreux pays.

Les nouvelles technologies ont notamment creusé le clivage générationnel. La fameuse « fracture numérique » passe par là, à l'image des personnes âgées, qui achètent les journaux papier, et des jeunes, qui s'informent via leurs portables. Tout comme ne pas maîtriser Internet, ne pas connaître l'anglais deviennent des éléments de marginalisation. Ceux qui ne connaissent ni l'un ni l'autre cherchent même à s'en cacher. Des septuagénaires mentent comme des enfants pour éviter la gêne d'avouer leur ignorance. L'Internet et l'anglais sont les langages de l'intégration mondiale, et ne pas les maîtriser ou les ignorer crée de l'anxiété. Le sentiment de ne plus être en mesure de tenir le rythme du changement alimente cette anxiété croissante dans nos sociétés européennes. Tout comme le sentiment de ne pas compter parmi ceux qui, à l'inverse, maîtrisant l'anglais et Internet, voyagent et travaillent hors de leur milieu traditionnel. Cela pousse à regarder en arrière, à conserver ce qui peut l'être, à chercher à arrêter le train en marche.

Or, le train n'est pas près de s'arrêter. La robotisation et Internet vont faire disparaître des métiers. On a cru qu'il y aurait une substitution des emplois détruits par les nouvelles technologies et tous ceux créés par ces mêmes technologies. Mais, à l'épreuve, ce n'est pas si sûr. C'est un immense défi pour l'avenir. Il va falloir s'inventer de nouveaux métiers, être entrepreneur de soi-même plutôt que chercher à s'insérer, comme employé ou salarié, dans un organigramme stable, qui crée de la certitude.

Avec la révolution numérique, les ascenseurs sociaux descendent ou montent très vite. Une partie de la classe moyenne est entrée en zone de difficulté, tandis qu'à l'inverse un cercle restreint profite d'une multiplication des opportunités et des richesses. Cette montée des inégalités explique l'éclatement des classes moyennes. À cet égard, je trouve *Le Monde d'hier* de Stefan Zweig, que je citais précédemment, d'une saisissante actualité. Il y raconte, entre autres, comment, dans la société autrichienne d'avant la Première Guerre mondiale, chacun savait parfaitement quelles seraient les étapes de sa vie, quelles étaient ses certitudes, les assurances sur lesquelles il pouvait s'appuyer.

Cela donnait une impression dominante de sécurité. Puis, d'un seul coup, tout a volé en éclats. Nous touchons aujourd'hui à la fin des certitudes pour les fameuses classes moyennes.

Celles-ci ont longtemps servi de repères dans la composition du paysage politique, et particulièrement au positionnement des partis. Leur éclatement conduit les formations politiques traditionnelles à se diviser de l'intérieur, comme on le voit en France. Le déclin des classes moyennes et la perte de leurs certitudes expliquent en retour la montée des populismes. Quand les certitudes, la sécurité se désagrègent, elles laissent place au désespoir, voire à la haine. Toutes les impressions deviennent négatives et l'on épouse volontiers le discours populiste. Les nouveaux réseaux sociaux servent de caisse de résonance à ces sentiments. Ils leur donnent un très vif écho. Voilà comment le discours nationaliste se révèle séduisant.

Ce phénomène n'est pas propre à l'Europe, mais à tout l'Occident, notamment aux États-Unis, comme l'a montré l'arrivée au pouvoir de Donald Trump. Sur notre continent, l'Union européenne se trouve la première visée par cette défiance, car elle représente l'avant-garde de l'ouverture, l'élimination des frontières. Dans l'opposition entre ceux qui profitent de la mondialisation et ceux qui la redoutent, cette question des frontières redevient centrale. Pour les premiers, la frontière, physique ou mentale, est ce qu'il faut abattre afin de saisir d'autres opportunités, toutes celles au-delà du marché national. Si vous avez l'assurance de détenir les compétences et l'esprit d'adaptation nécessaires pour affronter la concurrence internationale, vous voulez vous y mesurer. À l'inverse, si vous êtes conscient des limites de vos compétences au regard de cette modernisation effrénée, vous redoutez une concurrence externe qui remet en cause votre position domestique, votre activité commerciale ou votre emploi salarié. Quand vous avez le sentiment que vous avez tout à perdre, vous sollicitez la protection de la frontière, vous prenez le parti de tout ce qui est défensif. Et c'est une attente tout à fait compréhensible.

Ce clivage est criant en France comme en Italie. Après la crise financière de 2008, on a observé un spectaculaire rebond des entreprises globalisées, c'est-à-dire de celles en condition d'affronter le marché mondial. Elles réalisent 30, 40 ou jusqu'à 60 % de leurs affaires en dehors de leur pays d'origine. Elles y enregistrent des résultats positifs, qui contrebalancent leurs pertes à domicile. Je prendrai en exemple l'Asie du Sud-Est, zone hyperdynamique, avec laquelle je me suis employé à resserrer les liens à travers l'association Italie-Asean. Regardez la fameuse Vespa italienne. Elle ne se vend plus en Europe de manière suffisante pour maintenir le niveau de production. Cependant, il y a dix ans, la firme a investi dans le Sud-Est asiatique, en particulier au Vietnam. Dans les rues de Hanoï, le Piaggio est particulièrement prisé par les femmes. Ce scooter est considéré comme un modèle haut de gamme par rapport aux cyclomoteurs japonais. Mais le Piaggio est resté italien, et établi à Pontedera, près de Pise. En France, les grandes entreprises réalisent également une part importante de leur chiffre d'affaires hors de l'Hexagone. On a vu aussi de grands groupes espagnols, dans la banque et dans les travaux publics, conquérir des marchés à l'étranger. Et, bien sûr, il y a les PME allemandes, championnes à l'export. Pour toutes ces entreprises, il est primordial d'abattre les frontières.

L'écart ainsi se creuse avec la partie de l'économie encore domestique. Ceux qui veulent rester dans l'Union européenne appartiennent à la catégorie réclamant l'ouverture des frontières. Ceux qui redoutent cette ouverture veulent sortir de l'Union. Les résultats du référendum britannique sur le Brexit ont bien illustré cette fracture, qui ne se réduit pas à une opposition élites versus classes populaires, mais qui est aussi territoriale et générationnelle. Un nouveau bipartisme politique se dessine entre mondialistes et nationalistes, comme on l'a vu aussi durant la dernière campagne présidentielle française.

L'Union européenne doit montrer qu'elle n'est pas que « mondialiste ». Elle est automatiquement classée du côté de l'ouverture au monde, de l'espace libre, quand la majorité du peuple veut de la protection, des frontières. Les dirigeants politiques aujourd'hui suivent le peuple – et non l'inverse – et demandent des frontières, s'en prenant par la même occasion à l'Europe. Or toute cette accélération de l'intégration que j'ai décrite ne saurait être arrêtée par la volonté populiste, érigeant je ne sais quel mur faussement rassurant. Le progrès technologique n'a jamais été arrêté. À cet égard, les poussées nationalistes en Europe entrent en contradiction avec la vie très connectée d'aujourd'hui. Regardez une famille type d'aujourd'hui, qu'elle soit française, italienne, espagnole ou d'un autre pays. Elle compte des arrière-grands-parents, qui venaient le plus souvent du même village, des grands-parents provenant du même département, des parents de régions différentes, et des enfants qui font leur vie avec des personnes d'autres pays. En quatre générations s'est opéré un élargissement lié à la mobilité et à la connectivité qui ont gagné nos modes de vie.

Devant cette tendance, le nationalisme comme réponse aux peurs ferait l'effet d'un placebo. Cela se retournerait contre ceux qui le promeuvent. Quand ils prétendent résoudre un problème de fond par une réponse uniquement nationale, les politiques font semblant de décider sans changer le processus réel, qui se situe à l'échelon de l'interconnectivité, c'est-à-dire aux niveaux européen et international. Ce sont ces niveaux, pertinents, qui permettent d'agir de manière décisive sur beaucoup de problèmes.

Mais à condition de tenir compte de ceux qui sont éloignés de ces niveaux d'action, ceux qui restent peu qualifiés, subissent le chômage depuis plusieurs années, restent très peu mobiles ou entrent dans un âge avancé, ou bien encore vivent dans des territoires coupés des flux de la mondialisation. Jacques Delors nous a appris à proclamer les valeurs les plus nobles avec un tournevis à la main, c'est-à-dire à passer sans cesse de la théorie à la pratique et vice versa, du bas vers le haut et du haut vers le bas : faire en sorte que les grandes valeurs proclamées se traduisent concrètement dans la vie quotidienne des gens.

À cet égard, l'éducation doit servir concrètement à donner les atouts qui permettront d'affronter le monde en devenir. Cela ne repose pas uniquement sur le fait de maîtriser les nouvelles technologies et l'anglais. C'est aussi apprendre à s'habituer à l'étranger, que ce soit dans son propre milieu de vie ou par des séjours. Il faudrait prévoir, au cours de la période de formation scolaire, un temps qui vous oblige à entrer en contact avec une autre langue, une autre culture, une autre cuisine, une autre tenue vestimentaire. Cela ne pourrait qu'aider par la suite à s'ouvrir au monde. On a la chance, sur le continent européen, de pouvoir passer d'un pays à un autre sans parcourir des milliers de kilomètres. Mais tant de personnes restent à l'intérieur de leurs frontières, sans oser explorer l'autre côté. Nous disposons aujourd'hui en Europe d'un formidable réseau ferré à grande vitesse. C'est un trait commun d'ailleurs à la France, l'Italie, l'Espagne, ainsi qu'à l'Allemagne, la Belgique et les Pays-Bas. Il faut que les jeunes puissent en profiter beaucoup plus massivement au cours de leur formation. Le voyage en train est une première voie d'éducation européenne.

Autre exemple, le projet Erasmus Pro, qui fut mis au point au départ par l'Institut Jacques Delors. Il consiste à aider des jeunes en apprentissage à s'enrichir de l'expérience d'un séjour professionnel dans un autre pays de l'Union. Plus largement, la génération à cibler est celle des 16-25 ans, qui doit pouvoir se former en bénéficiant déjà d'une première expérience du marché du travail, au terme de laquelle elle aura les idées plus claires. Actuellement, cette génération entre et sort de l'université trop tard.

L'autre champ d'action pour que l'Europe ne reste pas l'affaire de privilégiés consiste à développer le passage d'un métier à l'autre par de plus larges possibilités de formation continue. Jacques Delors a toujours plaidé la formation tout au long de la vie. Il faut accompagner les transitions économiques pour ceux qui se sentent dépassés par l'accélération du monde, peinant à trouver leur place. De même qu'une entrée à la fois plus précoce, mais plus progressive, sur le marché du travail serait bénéfique aux jeunes, une sortie plus tardive, mais par étapes, serait plus judicieuse qu'un départ à la retraite soudain, donc brutal. Il y a une solidarité intergénérationnelle à développer ici. Les pays européens doivent réformer leurs systèmes sociaux afin qu'ils rassurent face au changement. Il faut accompagner les gens durant leur trajectoire professionnelle afin de les aider à sécuriser leur avenir, les obliger à prendre des assurances, leur offrir des garanties. Les meilleures pratiques repérables dans les divers pays d'Europe peuvent instruire les autres.

À cet égard, le vieillissement des populations représente d'ailleurs un défi commun à la plupart des pays européens. La vie dure plus longtemps, avec une détérioration à la fin qui se prolonge aussi. Les nonagénaires et les centenaires sont bien plus nombreux qu'autrefois. C'est une extraordinaire conquête de notre civilisation. En France, les plus de 75 ans seront deux fois plus nombreux en 2070 qu'aujourd'hui. Mais les personnes dans la soixantaine, qui autrefois profitaient de la vie une fois à la retraite, se retrouvent très souvent à devoir soutenir, elles-mêmes, deux autres générations en état de fragilité : leurs parents âgés qui ne sont plus capables de vivre de manière autonome et leurs enfants ou petits-enfants, qui connaissent la précarité.

Le besoin d'État providence n'ira donc pas en déclinant, mais en augmentant. Il est clair qu'on ne saura pas le financer dans nos pays au niveau actuel avec une croissance économique faible et parfois proche de zéro. C'est le plus grand défi des Européens. Il faudrait avoir le courage de s'interroger sur les conséquences profondes de ce vieillissement, qui n'est pas propre à l'Europe et s'observe dans la plupart des économies avancées. Il n'est pas forcément synonyme de déclin économique et présente de nouvelles opportunités. Dans une Europe vieillissante, l'économie des soins à domicile ou dans des structures organisées offre un grand potentiel de débouchés professionnels. Partout se développe ce qu'on appelle l'« économie des seniors », qui peut financer le besoin grandissant de la dépendance à travers l'Europe, qui est de compétence nationale. Cette nouvelle économie, en plein essor, peut aussi revivifier par endroits des territoires délaissés. Car les seniors voyagent, prennent leur retraite ailleurs, souvent en Europe, comme dans le sud de l'Espagne ou au Portugal.

Garder un équilibre entre ses territoires est une valeur identitaire de l'Europe, qui ne peut se résoudre à en laisser tomber. L'Europe doit en priorité orienter ses aides financières vers les territoires de déshérence industrielle pour les restructurer, les bonifier, les désenclaver et les relancer. L'Europe apparaîtrait alors assurément comme le Sauveur ! Il existe déjà un « fonds européen d'ajustement à la mondialisation », qu'initia Pascal Lamy lorsqu'il était membre de la Commission européenne, alors présidée par Romano Prodi. Mais on pourrait aller beaucoup plus loin encore.

On le voit en Italie, sur le site sidérurgique de Tarente, ou à Palerme, ou encore en Sardaigne et en bien d'autres endroits : il est vain de soutenir des usines déjà condamnées et de les faire survivre sous oxygène. Un grand projet européen de restructuration laisserait chaque pays choisir trois ou quatre sites à transformer en abandonnant leur production passée, en prenant acte qu'elle n'est plus viable et en orientant le site vers d'autres pistes de production. Car il y a de la place pour de l'industrie en Europe. Nous avons de la compétitivité.

En France, Emmanuel Macron a aussi battu Marine Le Pen grâce à son discours de vérité sur ces sujets. La fameuse confrontation d'Amiens, dans le nord du pays, devant les ouvriers de Whirlpool, a constitué un moment clé dans la campagne présidentielle. La promesse solennelle de Marine Le Pen : « L'usine ne fermera pas » sonnait faux. Elle répétait le message de Trump aux ouvriers du Midwest, où le mensonge avait fonctionné. À Amiens, le discours de la candidate FN a montré ses limites. Macron a tenu un courageux discours de vérité aux ouvriers, auxquels il a démontré l'authenticité de son engagement et, en même temps, le réalisme indispensable au bon emploi des ressources publiques. C'est aussi pour cela – et non seulement parce que je suis italien – que je n'ai pas compris le sens de l'annonce de la nationalisation des chantiers STX de Saint-Nazaire. Au contraire, l'accord avec Fincantieri pourrait vraiment créer un « Airbus de la mer », choix gagnant-gagnant, dans l'intérêt commun de l'Italie, de la France et de l'Europe entière.

Accompagner de près les mutations doit être le fer de lance d'une politique industrielle européenne qui pourrait s'appeler « programme Dionysos », du nom du dieu grec qui naît et renaît. Elle s'opérerait avec le conseil d'experts, de l'argent frais, le tout sous bannière européenne. On ouvrirait ainsi un horizon à tous ceux qui sont désespérés de voir leur usine, et avec elle tout un monde, disparaître. On enverrait le message que l'Europe se penche sur ces problèmes et pas qu'elle laisse ses usines se fermer, comme s'il n'y avait plus rien d'autre à y produire et qu'elle restait seulement du côté des gagnants. Politiquement, c'est le moyen le plus sûr, avec l'éducation et la formation continue, d'abattre les murs du nationalisme.

Cela contribuerait aussi plus largement à résorber la fracture entre le nord et le sud de l'Europe qu'on a laissée s'agrandir. Les écarts de revenus par tête entre pays ne sont, à terme, pas tenables. Le trait commun aux Européens est leur aversion pour les inégalités prononcées. L'Union européenne doit s'attacher à les réduire avec persévérance. Les opinions publiques du continent, toutes catégories sociales confondues, sont en faveur d'une Europe où les pays les plus riches sont solidaires des plus pauvres. Cela rejoint l'inspiration à l'origine des politiques régionales européennes, initiées par Jacques Delors. Cette convergence aiderait aussi à réduire les préjugés qui alimentent les populismes.

Ces efforts amples et de longue durée n'interdisent pas de se protéger ponctuellement de la concurrence étrangère quand elle est déloyale. Mais pas n'importe comment. Donald Trump a beaucoup accusé la Chine durant sa campagne électorale. Il a même soutenu que le réchauffement climatique était une invention chinoise pour affaiblir l'industrie américaine ! Ce qui est certain, c'est que l'économie chinoise sera d'un poids toujours plus décisif. Chiffre significatif : ce pays possède aujourd'hui 20 000 kilomètres de lignes ferroviaires à grande vitesse, soit plus que l'ensemble de ce type de lignes dans le reste du monde. Ériger un mur entre nous et la Chine serait se priver de mille opportunités pour nos entreprises dans l'immense marché chinois. Fermer l'accès à nos marchés européens serait se tirer une balle dans le pied. Nous sommes la première puissance commerciale au monde.

L'Europe, sans renoncer à une logique d'ouverture et d'échanges, doit surtout se montrer plus dure sur le respect des règles de propriété intellectuelle, sur la contrefaçon, sur les normes environnementales et sur la protection des données comme du consommateur. L'Europe doit, aussi bien pour des raisons juridiques que politiques, se montrer plus exigeante. Elle restera ainsi fidèle à elle-même, à ses principes. Mais être ferme n'est pas se fermer. Ainsi, nous n'avons pas à craindre d'échanger davantage avec le Canada, à travers l'accord économique et commercial global (« Ceta »), ou avec le Japon, objet d'un autre accord. Un proverbe chinois résume bien l'inutilité de nous murer : « Quand souffle le vent du changement, il y a ceux qui construisent des murs et ceux qui construisent des moulins à vent. »

# Agir ou subir ?

*Confrontée à des crises simultanées et à la tentation nationaliste, la construction européenne se trouve dans une phase critique et périlleuse, au point que sa pertinence même est sérieusement mise en doute. Elle appelle une nouvelle vision. Si, hier, on a fait l'Europe pour la paix et la prospérité, sur quoi la bâtir aujourd'hui ?*

Nous sommes à l'entrée du troisième grand moment de la construction européenne. Le premier a été le choix – je dis bien le choix – des « pères fondateurs » dans les années 1950 de faire l'Europe. Le deuxième a été le choix – j'insiste encore sur ce terme – de la réunification du continent et de la monnaie unique, couplée au marché unique, choix pris au tournant des années 1980 et 1990. Le troisième moment est arrivé. Un nouveau choix s'offre à nous.

Pour l'éclairer, il faut comprendre la profonde différence qui sépare le moment actuel des deux premiers. Jusqu'ici, le monde était eurocentré. Après 1945, c'était la manière dont l'Europe pouvait se redresser, le risque qu'un pays bascule dans un camp ou l'autre de la guerre froide qui étaient au cœur des préoccupations mondiales. À la fin des années 1980, la chute du mur de Berlin a encore placé le continent européen au centre de la sphère géopolitique.

L'Europe se situait aussi au cœur de l'économie. Le G7, lors de sa création, en 1975, comprenait quatre pays européens. L'Europe en constituait la majorité des membres. Elle représentait un tiers de l'économie mondiale.

Aujourd'hui, nous nous dirigeons de plus en plus vers un monde où le pouvoir économique est déterminé par la force démographique. Ce lien n'était pas aussi étroit dans les périodes que je viens de décrire. Un pays pouvait compter 1 milliard d'habitants et rester en marge de la marche du monde, comme la Chine avant son ouverture commerciale.

Désormais, la diffusion des nouvelles technologies ouvre à tous des opportunités. La force démographique devient un atout, non un poids. En Europe, des pays comme l'Espagne, l'Italie, la

France, l'Allemagne, le Royaume-Uni, la Pologne, comptent chacun des populations comprises entre 40 et 80 millions d'habitants. L'Inde, à elle seule, dépasse 1,3 milliard, et sa population continue de croître. Si on constituait un G7 dans vingt ans, il ne compterait plus aucun pays européen ! Ce sont d'autres économies qui y siégeraient. Je ne pense pas seulement aux grands émergents, surnommés les BRICS (Brésil, Russie, Inde, Chine et Afrique du Sud), mais aussi à la Turquie, au Mexique, à l'Indonésie, au Vietnam ou encore à la Corée du Sud et au Nigeria.

Le centre de gravité du monde, on le sait, s'est déplacé vers l'Asie. On résume cette tendance en disant qu'on est en train de « passer de l'Atlantique au Pacifique ». Barack Obama, lorsqu'il était président des États-Unis, a beaucoup travaillé sa relation avec les pays de l'Asie-Pacifique.

Une autre preuve de cette évolution du monde s'observe au sein de l'Église catholique. Elle aussi n'est plus eurocentrée. Longtemps le pape fut italien, puis européen. Avec l'élection de Jorge Bergoglio en 2013, il n'est plus européen mais vient d'Amérique latine. Le nouveau supérieur général des jésuites, P. Arturo Sosa, est de ce même continent. Et le premier pays catholique par sa population est aujourd'hui le Brésil.

Devant cette force fondée sur la population, que peut faire notre « vieux continent » ? Pas grand-chose sur le plan démographique, sauf à mieux gérer l'immigration. La question qui se présente à nous est celle-ci : comment passer d'une force portée par notre puissance économique à une force fondée sur l'attractivité et l'influence de nos valeurs ? Attention, cela ne veut surtout pas dire renoncer à toute ambition de puissance économique, y compris industrielle, comme je l'ai montré auparavant. Mais devant l'émergence, dans vingt ou trente ans, de nouveaux grands acteurs économiques, face aux immenses agglomérations de millions d'habitants, nous ne pouvons être influents dans le monde de demain qu'en faisant valoir l'attractivité et la force de nos valeurs.

Toutefois, il reste à vérifier d'abord si nous voulons vraiment être influents, si nous gardons l'ambition d'être, oui ou non, forts dans le monde. C'est un choix qui ne va pas de soi pour tous les Européens. J'entends parfois ce discours culpabilisateur : « Nous autres, Européens, avons causé beaucoup de dégâts dans le monde au cours de l'histoire. Aujourd'hui, nous voulons seulement vivre bien, sans chercher à peser dans le monde. » Je réponds : prenons garde, ce repli est illusoire. Du fait de la mondialisation, que notre repli n'arrêtera pas, les règles et les tendances globales pénétreront jusque chez nous. On les subira, on n'y échappera pas, jusque dans l'atmosphère au-dessus de nos têtes. L'air que nous respirons est plus ou moins pollué selon les effets de nos activités, mais aussi de celles développées sous d'autres latitudes que les nôtres.

Nous ne pouvons créer ni d'île heureuse ni de forteresse. C'est tout à fait impossible. On le constate avec les flux migratoires : ils peuvent se déplacer d'une route à l'autre, d'une frontière à l'autre, en seulement une quinzaine de jours, grâce aux informations échangées sur les réseaux sociaux. Autrefois, de tels déplacements se comptaient en années. Faire croire qu'on peut s'enfermer à double tour n'est que propagande. À vouloir échapper à un problème, il finit toujours par vous rattraper et s'imposer à vous.

Notre choix se résume donc, selon une formule anglo-saxonne bien connue, entre devenir des *« rule takers »* ou des *« rule setters »* dans le monde. Cela signifie être soit ceux qui organisent les règles de fonctionnement du monde, soit ceux qui les appliquent, voire les subissent. Dans le monde de demain, nous, Européens, devons avoir l'ambition d'être des *« rule makers »*, ceux qui fixent les règles. Si l'on se disperse trop, la dimension que chacun de nos pays européens aura prise nous fera compter inévitablement parmi ceux qui ne font qu'appliquer les règles. Celles-ci seront écrites par les Américains et les Chinois, tandis que les Italiens, les Français, les Espagnols, les Portugais, les Belges, les Polonais, etc., chacun de notre côté, nous les recopieront. Voilà le véritable défi d'avenir pour l'Europe et la raison de s'unir aujourd'hui !

Aussi, Marine Le Pen en France et Nigel Farage au Royaume-Uni mentent-ils lorsqu'ils prétendent que quitter l'Europe nous ferait retrouver notre souveraineté, la maîtrise de notre destin et notre grandeur. Ce qui a fait la puissance de la France et du Royaume-Uni, au siècle dernier, est impossible à récupérer. Pas plus que Rome ne redeviendra la *caput mundi* de l'Antiquité et pas plus que l'Espagne ne récupérera son empire. Ce passé ne doit pas servir d'étalon, car le monde de demain compte désormais la Chine, le Brésil, le Sud-Est asiatique… Dire la vérité aux électeurs, c'est, plutôt que de diffuser des messages mystificateurs, expliquer dans quelle direction va le monde et affirmer quelle direction nous, Européens, voulons le voir prendre. C'est faire comprendre que l'Europe sera forte et influente dans le monde, mais pas à l'image de ce qu'elle fut dans le passé, ni de la même manière.

Nous autres, Européens, devons réfléchir à ce que nous sommes, à ce que nous représentons dans le monde, à ce dont nous sommes porteurs, avec un regard plus positif. Les droits de l'homme relèvent de nos valeurs. On peut dénoncer nos carences à les appliquer en toute cohérence, comme la crise des migrants l'a montré. À l'inverse, on ne doit pas non plus offrir au monde la caricature de nous-mêmes dans la défense des droits de l'homme. Lakdhar Brahimi (grand diplomate algérien), lors d'une conférence que j'organisais à Sciences Po, nous a fait cette mise en garde en citant une décision de justice en Norvège qui venait de condamner l'État norvégien parce que l'auteur de la tuerie de Utoya, en 2011, Anders Breivik, se plaignait de ses conditions d'incarcération, lesquelles en Norvège sont pourtant très loin d'être les pires au monde ! Lui donner raison, se moquait Lakdhar Brahimi, revenait à caricaturer les droits de l'homme, à présenter les Européens aux yeux du monde comme d'étranges personnes qui se créent des problèmes de toutes pièces, et qui ne savent pas défendre les conditions de détention selon un principe de proportionnalité.

De justes conditions d'emprisonnement font partie des droits qui nous sont chers en Europe, tout comme l'abolition de la peine de mort. La peine capitale est partout proscrite dans l'Union européenne et son abolition est une condition pour y adhérer. C'est une grande différence avec le reste du monde, y compris avec les États-Unis. À nous de faire valoir cette différence et de promouvoir l'abolition, à plus forte raison quand le président Erdogan la remet en cause en Turquie.

Autre valeur, nous manifestons un fort attachement à la démocratie, malgré toutes nos limites et nos insuffisances. Cet attachement ici non plus n'est pas vain. Il compte quand il reste tant de dictatures militaires dans le monde, quand, à nos portes, la Russie et l'Ukraine sont en guerre, quand la Turquie connaît un durcissement de régime. Toutes ces atteintes aux droits de l'homme dans le monde nous obligent, nous, Européens.

Nous sommes aussi ceux qui aujourd'hui reconnaissent et veulent faire respecter l'égalité entre les hommes et les femmes. C'est un grand principe qui est loin d'aller de soi ailleurs, et qui soulève des débats ici même, dans nos sociétés, par exemple à propos des tenues vestimentaires. L'égalité hommes-femmes est encore relativement nouvelle pour nos sociétés. Rappelons qu'en

France les femmes n'ont le droit de vote que depuis 1945, et, en Italie, depuis l'année suivante. En Espagne, il n'a été rétabli qu'en 1975, après Franco. Au travail, l'égalité des salaires est loin d'être effective. Mais, sans réussir pleinement à réaliser cette égalité entre hommes et femmes, son principe est communément admis en Europe.

La protection de l'environnement et du patrimoine est une autre de nos valeurs. Nous, Européens, avons une conception de l'environnement, du rapport à la nature et de la protection du paysage différente de celle de nombreuses autres régions du monde, y compris des États-Unis. Chez nous, tout est soigné et cela rend l'Europe très attractive. Cette valeur a un coût, parce qu'elle contraint notre industrie, encadre notre urbanisme et notre habitat. Elle est aussi relativement nouvelle si l'on se rappelle les dégâts environnementaux commis dans les années 1960 et 1970. Les friches industrielles et des urbanisations ratées en témoignent, et tout n'est pas encore au point. Mais nous savons faire preuve d'un fort attachement à notre héritage culturel, éduquer au respect par la connaissance de l'histoire. De l'extérieur, l'Europe sait attirer pour la beauté de ses contrées, de ses villes et de ses villages.

L'enjeu est de faire comprendre que ces beautés enviables sont présentes grâce à nos valeurs, c'est-à-dire grâce au soin mis à l'entretien de nos paysages, à l'attachement à notre patrimoine. Plus largement, toute l'ambition de l'Europe doit être de rendre attirantes ses valeurs dans un monde qui en est en attente, qui en manque tant. Ce n'est pas l'Amérique de Donald Trump qui en sera capable.

Une autre valeur européenne, fondamentale, est notre droit du travail. Je ne parle pas des débats, récurrents en Italie, en France ou en Allemagne, entre patronat et syndicats, entre conservateurs et réformateurs. Si l'on prend un peu de hauteur, partout ces débats se font dans un cadre qui respecte les travailleurs dans leurs droits fondamentaux. Or, dans le reste du monde, en particulier en Asie, en Afrique, au Moyen-Orient, on n'a souvent pas la moindre considération pour ces notions. Aux États-Unis, l'approche est différente.

Une autre valeur constitutive de l'Europe est la laïcité. La religion joue un rôle essentiel dans la vie des peuples, au sein de la société, mais les Églises et l'État sont séparés. Nous devons être forts à la fois pour faire respecter la laïcité dans nos pays mais aussi pour la faire valoir dans le reste du monde. C'est une question soulevée davantage en France qu'en Italie, où les musulmans sont beaucoup moins nombreux, où la sécularisation est moins poussée et la laïcité vécue autrement.

Toutefois, il est important de bien s'entendre sur la laïcité. La séparation des Églises et de l'État – et, par extension ici, des institutions européennes – ne signifie pas leur ignorance mutuelle et l'absence de dialogue ou de coopération. Au contraire. Il existe, au niveau européen, un dialogue régulier entre les institutions de l'Union et les responsables religieux qui gagnerait à être davantage pris au sérieux et mis en relief. Il est le reflet de nos valeurs.

La séparation des Églises et de l'État ne doit pas être confondue avec une séparation des religions et de la société, qui n'a pas lieu d'être. La société n'est pas laïque. De fait, les religions en Europe ont façonné pour une large part nos sociétés. Elles imprègnent notre culture, rythment notre calendrier de fêtes, font la richesse de notre patrimoine. C'est indéniable.

À cet égard, le christianisme a joué un rôle historiquement marquant sur tout notre continent, à l'Ouest comme à l'Est. En France, cela se voit dans chaque ville et chaque village. L'Europe ne se réduit pas au christianisme, pas plus que le christianisme ne se confond avec l'Europe, mais l'histoire les a rendus indissociables l'un à l'autre. Nous n'avons pas à rougir de ces racines chrétiennes, ni faire du négationnisme en la matière, mais pouvons plutôt assumer cet héritage comme partie constitutive de notre Europe. Cela ne porte pas la moindre atteinte à la laïcité. En ce sens, ériger un sapin de Noël ou une crèche sur la place publique ne devrait froisser personne. En Italie, les crèches s'étalent partout à cette période sans que cela menace en aucune façon notre République ! Mais il ne faudrait pas, à l'inverse, détourner ces traditions en symbole d'exclusivité du christianisme à l'égard de toute autre religion sur le continent. Le pape François lui-même a mis en garde contre une utilisation revancharde ou conquérante des racines chrétiennes de l'Europe.

Au niveau individuel, chacun est libre de croire, de ne pas croire, ou de changer de religion. C'est une liberté publique fondamentale, garantie à toute personne dans toute l'Union européenne. L'Europe doit chercher à la faire respecter partout dans le monde au nom de la liberté religieuse. La « bataille d'influences » se joue là aussi. La liberté religieuse, la liberté de conviction, la liberté de conscience relèvent de nos valeurs les plus précieuses. Respecter cette liberté signifie notamment accepter que chacun puisse développer sa vie spirituelle, vivre sa foi avec d'autres, se réunir en assemblée, exprimer sa foi dans sa vie quotidienne, sans ostentation ni prosélytisme, qu'il puisse fonder ses engagements en société sur sa foi et la transmettre à ses enfants, y compris à travers leur scolarité.

L'enjeu pour les musulmans en Europe est de respecter ces libertés et ces droits et, en même temps, de se les voir garantis tout autant. Par exemple, en disposant d'un nombre suffisant de mosquées dans un lieu décent, en pouvant porter le voile sur la voie publique, comme on a le droit de porter la kippa ou une croix, sans crainte pour sa sécurité et sans que les autres s'en offusquent et le considèrent comme un trouble à l'ordre public ou un empêchement à vivre ensemble. Il faut dépassionner ces débats plutôt que les envenimer par une rhétorique antimusulmane ou laïcarde.

Sans doute du fait de notre héritage judéo-chrétien, plus ou moins conscient, l'essor de l'islam dans certaines parties d'Europe nous étonne. Son ancrage est parfois ancien, comme dans les Balkans ou, historiquement, en Andalousie. Mais ailleurs, dans de grandes agglomérations, c'est une réalité encore relativement nouvelle et mouvante. Sans doute aussi, la sécularisation poussée, dans l'ouest de l'Europe en particulier, avait fini par nous faire oublier que les religions ont droit de cité. Cette nouvelle donne oblige dans les deux sens : d'une part, ceux qui se réclament de l'héritage chrétien à accepter la différence. L'ouverture à l'étranger est dans l'essence même du christianisme. D'autre part, les musulmans à tenir compte de l'héritage chrétien qui forge notre civilisation européenne. Ce qui n'empêche pas, bien sûr, qu'on puisse être citoyen européen et bon musulman.

Les premiers à devoir se protéger de l'islamisme radical sont les musulmans eux-mêmes. À l'islam de savoir relire son histoire et de ne pas se retrouver débordé par ses courants les plus radicaux. On l'observe dans les profils de ceux qui ont commis des attentats en Europe : il y a des signes avant-coureurs qui permettent de repérer en amont un début de radicalisation. Aux responsables des communautés musulmanes de prévenir un jeune qui fait fausse route. À nos pays aussi de s'organiser pour mieux entrer en dialogue avec les diverses communautés musulmanes.

Le meilleur exemple doit venir des croyants eux-mêmes, chrétiens, juifs et musulmans, à travers le dialogue interreligieux, dans des engagements conjoints pour la société. Et par une condamnation sans équivoque de tout recours à la violence au nom de Dieu. Il est clair que l'islamisme radical n'a aucune place en Europe, mais l'islam oui, tout à fait, comme les autres religions.

Le dialogue ne doit pas être qu'interreligieux. Entre les pays de l'ouest et ceux de l'est de l'Europe, un dialogue sur les valeurs partagées s'impose. Les dérives du pouvoir en Pologne et en Hongrie en montrent la nécessité. Les États membres de l'Union et les institutions européennes exerçaient plus d'influence sur les pays d'Europe centrale et orientale quand ceux-ci devaient respecter des critères d'adhésion selon un parcours défini et au prix de sanctions. Cela a alors eu une influence directe sur eux. Pour maintenir cette influence, alors que ces pays sont membres de l'Union depuis plus de dix ans, il faut une grande force du centre, c'est-à-dire des grands pays fondateurs et des institutions de l'Union. Mais elle peut difficilement être liée à des sanctions. Faire de l'Ouest un donneur de leçons à l'Est serait politiquement intenable dans l'Union.

Afin que s'opère une profonde convergence des valeurs en Europe, nous devons apprendre davantage à nous connaître et à nous mélanger. Par exemple, on pourrait rendre obligatoire qu'une période de la scolarité du secondaire se déroule dans un autre pays européen, y grandir quelques mois. Je sais que cela serait très compliqué à mettre en œuvre, mais cela ferait sens pour rendre les Européens vraiment européens. C'est une prise de conscience de soi, non une utopie.

Soyons clairs, l'*Homo europeus* n'existe pas ! Nous ne sommes pas une ethnie ou un peuple. Mais lorsqu'on se retrouve loin de l'Europe, par exemple en Corée, au Pérou ou en Afrique du Sud, on mesure à quel point nous autres, Européens, sommes en définitive relativement semblables entre nous. C'est de loin qu'on comprend que les Européens existent, comme on perçoit que la Terre est ronde depuis l'espace. Il est frappant de voir qu'au moment où nous doutons de notre projet ce sont des non-Européens, comme le pape François ou Barack Obama, qui nous en rappellent la nécessité, qui nous parlent en nous considérant comme l'expression d'un tout.

Les différences entre Italiens, Français et Espagnols existent, bien sûr, et tant mieux ! Mais comme diffèrent un Sicilien d'un Lombard, un Basque d'un Andalou ou un Breton d'un Alsacien. Comme les frères et sœurs d'une même famille. Quand je voyage loin du continent, ces différences, en soi positives, s'estompent. Ce qui est semblable l'emporte sur ce qui diffère. Je sens alors vraiment que l'Europe existe, qu'elle est plus qu'un échelon de pouvoir, qu'être européen a de la consistance. Je prends en même temps plus que jamais conscience que nous devons nous unir. Dans les rues bondées de Jakarta ou de Shanghai, je prends toute la mesure qu'à nous diviser, nous éparpiller, nous, Européens, devenons quantité négligeable.

L'Europe apporte un niveau d'identité supplémentaire.

Je suis de Pise et je reste attaché à ma ville. Comme à ma région, la Toscane, et à mon pays, l'Italie. Je suis italien et fier de l'être. Je n'ai pas à taire cette fierté. Mais je ne me sens pas pour autant comme un étranger à Paris, comme un exilé en France. Parce que je suis européen. Je ne le suis pas hors-sol, à partir de rien : je le suis parce qu'italien. Ou, dit autrement, je suis un Européen d'origine italienne. Et c'est, pour moi, une identité heureuse pour reprendre la formule d'Alain Juppé, qui, pour sa part, montre qu'on peut être à la fois fièrement bordelais, français et européen.

Nations et Europe sont ainsi en continuité et non en opposition, comme tente de le faire croire l'extrême droite.

La France, l'Italie ou l'Allemagne ne seraient rien sans l'Europe et, inversement, l'Europe ne signifierait rien sans elles. C'est pourquoi le drapeau européen a toute sa place dans un Parlement national. Il n'est pas réservé aux seules institutions de l'Union européenne. Ce n'est pas la bannière d'une organisation internationale, c'est celle d'une dimension de notre identité, celle d'un destin partagé. En représentant la nation, les députés en incarnent aussi la part européenne qui lui est intrinsèque et non extérieure. La devise européenne « unis dans la diversité » souligne ce lien entre l'Europe et les différentes nations qui la composent. Tous les drapeaux nationaux claquent au vent à l'entrée du Parlement européen.

Soyons très clairs. L'Europe n'est pas là pour effacer les États ni dissoudre les nations. Cela n'est que propagande anti-européenne. L'Union européenne ne formera jamais un super-État. Tout ce qu'on traite à l'échelon européen doit l'être uniquement parce qu'on ne peut pas le faire au niveau national. C'est ce que commande la subsidiarité.

Mais on ne saurait réduire l'Europe juste à un niveau pertinent d'action, à une échelle efficace. Notre volonté d'action à cette échelle ne dépend pas que des menaces extérieures pesant sur notre continent, mais aussi du sentiment d'appartenance à l'Europe que nous pouvons éprouver intérieurement. Ce sentiment repose à la fois sur les héritages que j'ai rappelés tout à l'heure, mais aussi sur la vision que nous partageons pour l'avenir, c'est-à-dire sur les valeurs avec lesquelles nous voulons peser dans le monde.

# Le mythe trompeur
# de l'homme fort

*Les grandes puissances mondiales ou régionales sont représentées aujourd'hui par des dirigeants qui cherchent à faire valoir leur pouvoir : Trump aux États-Unis, Poutine en Russie, Xi Jinping en Chine, Erdogan en Turquie. Porter dans le monde les valeurs que l'Europe veut défendre exige-t-il aussi un homme fort pour les incarner ?*

Notre temps voit le retour du mythe de l'homme fort.

Pas seulement en Europe, avec Viktor Orban en Hongrie ou Jaroslaw Kaczynski en Pologne, mais aussi dans le reste du monde. Ainsi, aux États-Unis, avec le président Donald Trump. Le fait même qu'un tel personnage ait pu se hisser à ce niveau trahit ce même besoin d'homme fort, sachant manier un langage rude, direct, sans périphrases. On observe le même phénomène dans d'autres pays encore, aux Philippines entre autres, avec l'arrivée au pouvoir en 2016 du président Rodrigo Duterte.

La ruse de l'homme fort est chaque fois de simplifier, de comprimer et réduire la vérité, ce qui finit par la tordre et la fausser. Les gens ont l'impression de comprendre, se sentent tranquillisés de savoir qu'un homme fort est à leur tête. Ils sont soulagés de le voir décider. Mais il ne fait que susciter de faux espoirs et finit par entraîner déception, défiance et dégoût.

De mon point de vue, la simplification à outrance opérée par l'homme fort va complètement à l'encontre de la complexité des problèmes contemporains et de leur interdépendance, à l'encontre de l'ère numérique où nous sommes, à l'encontre de la simultanéité des crises. La résolution de celles-ci appelle, non pas la concentration des pouvoirs entre les mains d'une seule personne, mais, au contraire, un polycentrisme, une mise en connexion des centres. La complexité de la gouvernance ne peut être gérée depuis un centre unique. En vérité, notre temps est aux coalitions, pas à l'homme seul. Il est à l'équipe, pas au génie incarné. Il est à l'intelligence collective, pas à la tactique individuelle.

Confondre leadership et homme fort est une grande erreur. Il faut casser ce mythe. Car c'est tout le contraire : le leadership qu'il nous faut aujourd'hui est celui qui suscite et associe les autres centres de décision, qui les entraîne, les motive, les fait travailler et les responsabilise. Un leadership de connexions en quelque sorte, capable de travailler en horizontal et non un leadership détaché, seulement axé sur la verticale du pouvoir. Cela n'est plus adapté à notre temps. On parle beaucoup, pour l'avenir, d'une économie du partage, d'une société du partage. Mais cela doit inspirer aussi les pratiques politiques pour développer la politique du partage dont nous avons besoin. Le leadership solitaire, concentré, en est l'exact opposé.

En France, le mythe de l'homme fort, providentiel, reste vif à travers l'institution présidentielle de la V^e^ République. Tous les cinq ans, les Français élisent un chef à qui ils confient presque tous les pouvoirs ! Il n'a aucun besoin de construire de coalitions alors qu'en réalité il détient ce pouvoir, très étendu comparativement aux autres démocraties, en ne disposant le plus souvent, à l'origine, que d'un quart des votes des Français. Et l'on croit, dès lors, qu'il tient comme une baguette magique pour tout changer. Cela me questionne et j'invite à réfléchir à ce système, dont la dernière campagne électorale française a rappelé la dangerosité. Je n'attends pas du nouveau président français qu'il se comporte en homme fort, mais fasse preuve de leadership pour réformer son pays et relancer l'Europe. Ayant mené sa victorieuse campagne de 2017 avec le drapeau européen, toujours visible derrière lui, il a donné à son élection une dimension européenne qui lui donne un supplément de légitimité.

Le défaut de leadership se constate quand un politique navigue à vue, en réaction aux événements, en réponse aux crises et aux urgences, dont l'une a l'art de chasser l'autre. Un jour, c'est Calais et ses migrants, le lendemain, ce sont les travailleurs détachés après la menace de fermeture d'une usine… Une telle agitation politique ne donne aucun résultat : ce ne sont qu'annonces médiatiques et fabrication de récits, sans effet tangible. Le leadership consiste au contraire à établir les connexions, à créer les coalitions qui mettront tout le monde au travail, lequel produira à terme des résultats concrets et imposera son propre agenda.

Ce leadership des coalitions entraîne tous les niveaux de pouvoir. À l'intérieur de chaque pays, il est déterminant pour la gestion des territoires, villes et régions. Voyez Milan, qui est en train de devenir la plus grande ville d'Italie et l'une des plus attractives. L'Exposition universelle, qu'elle a accueillie en 2015 et qui a participé à son rayonnement, a été possible grâce à un choix bipartisan. L'idée venait du maire de Milan, une femme de centre droit, Letizia Moratti, qui s'est mise d'accord avec le chef du gouvernement, à l'époque Romano Prodi, de centre gauche. Tous deux ont travaillé avec la région Lombardie, de droite. Quand la municipalité a changé de bord politique, passant à gauche, le gouvernement national, lui, est passé à droite. Et cela a encore changé peu après. Mais le projet d'Expo a été poursuivi au fil des années grâce à chaque fois à une coalition transpartisane et à plusieurs échelons. Ce travail politique horizontal est essentiel.

Ce type de leadership est ce qui fonctionne à l'échelle de l'Europe. L'histoire du continent européen a connu ses plus terribles épisodes dès qu'un homme fort a voulu y imposer son pouvoir. La construction européenne d'après-guerre a fait justement le choix d'unir le continent autrement, sans homme fort. C'est une union de minorités, comme je l'ai précédemment évoqué. Si chaque État fête, une fois l'an, son indépendance, à la table européenne, les États fêtent ensemble en quelque sorte leur interdépendance. La déclaration Schuman du 9 mai 1950 est une déclaration d'interdépendance ! Le reconnaître n'est pas une marque de faiblesse, mais un appel à l'action collective concertée.

L'Europe est donc conçue pour les coalitions. Le défi est de les rendre plus visibles pour que les Européens puissent mettre un visage derrière les responsabilités. Lorsque le poste de président permanent du Conseil européen a été créé en 2009 et que le nom de Tony Blair avait circulé pour l'occuper, on a cru un moment qu'on voulait coiffer les institutions européennes d'un homme fort. En pratique, Herman Van Rompuy, premier à prendre cette nouvelle fonction, a agi comme un leader dans le sens où je l'ai défini, celui d'un meneur de coalitions. Ce n'était pas un homme de communication, mais il a tenté, avec succès, de faire travailler ensemble les chefs d'État et de gouvernement dans une période très agitée.

Il faut se rappeler que les grandes avancées de la construction européenne sont liées à de grandes coalitions. La dernière en date fut celle nouée entre Jacques Delors, Helmut Kohl et François Mitterrand, avec la complicité de Felipe González et un soutien italien explicite. Aucun n'aurait réussi seul à faire ce qu'ensemble ils ont réalisé pour l'Europe.

Au-delà des personnalités propres, donner du leadership global est le meilleur service que peut rendre l'Europe aujourd'hui dans le monde. L'Union européenne n'a pas à se comporter comme un homme fort. Elle n'en aurait d'ailleurs pas les moyens et elle trahirait la nature de sa construction. Mais l'Union peut avoir une force d'entraînement. En coalisant ses États membres, les grands acteurs de la société civile, ses villes, ses entreprises, ses syndicats et ses universités autour d'une grande cause comme la lutte contre le réchauffement climatique, l'éradication de la misère, la promotion d'un nouveau modèle social, l'Europe sera un leader respecté et inspirant aux yeux du monde. Cela n'a rien à voir avec la crainte que suscite un régime fort qui sait manier l'imprévisibilité et la propagande. C'est en développant un leadership tiré de la mise en mouvement de coalitions que l'Europe révélera sa vraie puissance. Une puissance digne du XXIe siècle et non tirée de vieilles recettes impériales.

Bien sûr, il est plus ardu de déployer un tel leadership quand on assiste au retour des empires, qu'ils soient turc, russe, iranien ou chinois. La campagne présidentielle française a montré que le régime russe détenait une certaine capacité de nuisance, mais aussi la fascination qu'exerce son homme fort sur plusieurs responsables politiques français.

Pour les Européens, il s'agit de jouer collectif face à eux, de ne pas se laisser impressionnés et divisés, de déjouer leurs mensonges plutôt que d'être fascinés par leur pouvoir.

# Pourquoi laisser à l'Allemagne le monopole de la vertu ?

*L'Europe n'a pas aujourd'hui un problème d'homme fort mais de pays fort : l'Allemagne. Aurions-nous abdiqué notre souveraineté au profit de ce grand voisin ?*

Vu le rôle pris par l'Allemagne aujourd'hui, tous les Européens auraient dû voter aux dernières élections fédérales outre-Rhin pour choisir le nouveau chancelier ! Voilà la véritable élection européenne ! De fait, les crises ont changé la donne.

La question de la place dominante de l'Allemagne revient dans toutes les instances politiques, économiques ou académiques. J'avais été très frappé, lors d'un débat en Italie sur l'Europe, avec cinq cents lycéens, qu'ils citent l'Allemagne comme la première cause de l'impopularité du projet européen aujourd'hui, loin devant l'excès de la bureaucratie, la montée du chômage ou l'afflux de migrants.

À leurs yeux, la période où l'on était tous placés en Europe au même niveau, dominés par personne, chacun autonome et souverain dans une « union de minorités », est révolue depuis qu'un pays domine économiquement les autres.

Une large majorité (62 %) des élites européennes considèrent que l'Allemagne joue un rôle positif dans l'Union européenne, d'après un sondage de l'institut britannique Chatham House réalisé l'hiver dernier. Mais les peuples n'ont pas cette perception des élites et se montrent bien plus préoccupés qu'elles par la prédominance allemande.

Oui, l'Allemagne a mené le jeu durant la crise des dettes souveraines en zone euro. Elle a surmonté cette crise et s'en trouve aujourd'hui plus forte, tandis que les économies des autres restent plus faibles qu'en 2008. En réaction, aujourd'hui en Italie, comme ailleurs, toute campagne politique insiste sur le besoin de se distinguer de l'Europe « à l'allemande ». Cela me frappe d'autant plus qu'en Allemagne la perception est exactement l'inverse. D'après les sondages ou simplement les conversations que l'on peut avoir outre-Rhin, la majorité de la population allemande, citoyens comme dirigeants, n'a pas du tout l'impression d'occuper ce rôle dominateur qu'on leur prête. Pour eux, l'Europe est dominée par d'autres qu'eux. La chancelière Angela Merkel, elle, est consciente de ce ressenti des autres. Dans mes contacts avec elle, j'ai vu qu'elle comprenait que l'Allemagne devait éviter de devenir hégémonique en Europe, qu'il fallait travailler pour éviter que ne se creuse davantage le clivage Nord-Sud sur le continent. En ce sens, elle est sincère dans sa tentative de se pencher sur les problèmes de l'Europe du Sud. Mais ce n'est pas cette image d'elle qui prédomine.

Il est clair qu'un rôle clé doit être joué par la France au regard de celui pris par l'Allemagne en Europe. D'une part, pour convaincre Berlin d'agir, d'intervenir davantage pour relancer l'économie, puisque ses comptes publics et sa balance commerciale présentent de larges excédents. D'autre part, pour rééquilibrer le poids de l'Allemagne avec celui que possède la France en d'autres domaines, en matière de sécurité, de défense militaire et de politique étrangère.

De fait, la sortie prévue du Royaume-Uni accentue ce rôle spécifique de la France. Elle se retrouve dans une position de responsabilité unique sur le continent. Avec le Brexit, la France est en passe de devenir le seul pays à occuper un siège permanent au Conseil de sécurité des Nations unies. Le seul de l'Union européenne à détenir l'arme nucléaire et, au-delà, à disposer d'une force militaire qui possède une capacité de projection stratégique et tactique de haut niveau, qui peut se déployer sur le terrain. La France est habituée historiquement à jouer un rôle de leadership sur ces sujets. On l'a vu encore au Mali, avec l'intervention conséquente à celle, désastreuse, menée en Libye. Le président Hollande l'a décidée sans pression de l'opinion – et sans gagner de points dans les sondages –, son successeur poursuit cette opération militaire. La France doit donc réfléchir à son futur rôle en Europe alors qu'elle détient les clés dans la politique de défense et de sécurité communes. L'instabilité en Méditerranée, au Proche-Orient, et dans tout le voisinage européen, rend ce rôle essentiel. L'affermir est l'enjeu principal de l'actuel quinquennat.

La réussite du nouveau président français dépendra de sa capacité à rendre partagé et communautaire ce naturel leadership militaire français. Il y a matière à une grande initiative franco-allemande, qui dispose d'une opportunité politique à saisir maintenant, dès lors que les échéances électorales sont passées.

Ce leadership franco-allemand ne doit pas être exclusif, mais, j'insiste, partagé. Il y a une méfiance parmi les autres pays européens envers tout ce qui peut donner l'impression de constituer un directoire.

C'est pourquoi le chef de l'État français doit montrer qu'il agit de concert avec l'Allemagne, mais en sachant associer les autres. En particulier, se montrer très attentif aux pays d'Europe centrale, orientale et du Nord. Il appartient à ces pays, comme aussi en premier lieu à l'Italie, de ne pas subir le leadership franco-allemand, mais de l'entraîner en évitant qu'il devienne exclusif ou stérile, et dans l'esprit de coalition que j'ai décrit au chapitre précédent.

On traverse des années marquées par un manque de moteur franco-allemand. Dernièrement, ce fut seulement sur la question russe en Ukraine qu'on a vu comment, ensemble, Paris et Berlin pouvaient tenir tête face à Moscou. Le rôle essentiel de la France aujourd'hui est de faire accepter à l'Allemagne les réformes de la zone euro. Berlin a fini par accepter, sur la période 2011-2013, des réformes qu'elle avait toujours refusées jusque-là.

Je me souviens, en novembre 2007, m'être trouvé au côté du ministre italien des finances, Tommaso Padoa-Schioppa – qui me précéda à la tête de l'Institut Jacques Delors – dans le gouvernement Prodi. On avait commencé à flairer la crise financière. Tommaso Padoa-Schioppa avait mis sur la table, à Berlin et à Bruxelles, un paquet de propositions pour créer une sorte de fonds monétaire européen, pour mieux surveiller les banques et pour compléter l'union économique afin qu'elle ne soit pas seulement monétaire. C'était très intelligent et marquait un moment de forte initiative italienne. Mais ces propositions, dont plusieurs seront concrétisées plus tard au fort de la crise, sont alors restées lettre morte. Elles se sont heurtées à l'opposition inertielle allemande à tout changement des instruments de politique économique et monétaire européens.

Toutefois, l'Allemagne a consenti à plusieurs évolutions pendant la crise financière. Ce récent exemple présente deux aspects. Du côté positif, la réactivité à cette crise a été créative. On a réagi avec retard, mais on a réagi : par la création d'une sorte de fonds monétaire européen, l'ESM, chargé d'aider les États en difficulté ; par un espace bancaire européen, qui marque le début de l'union bancaire ; et par le leadership de la Banque centrale européenne, qui a pris des initiatives comme les auraient prises, pour leur pays, la Banque du Japon ou la Réserve fédérale américaine.

Ce faisant, on a décliné deux valeurs matrices du vivre-ensemble européen : la solidarité et la responsabilité collectives. Le nouveau fonds pouvant sauver un État européen de la faillite est un exemple de cette solidarité. En contrepartie, la responsabilité des États est engagée par la création des « pactes budgétaires », qui ont donné un droit de regard accru de la Commission européenne sur leurs finances publiques. Le but est d'empêcher un État d'adopter un comportement budgétaire nuisible pour ses partenaires européens, comme s'endetter de manière non justifiée ou falsifier ses comptes. Ce comportement porte en effet un risque de contamination au reste de la zone euro, tel un virus, comme on l'a vu dans la crise grecque. Dans la création en cours d'une union bancaire, on cherche à responsabiliser les banques et à les rendre solidaires entre elles. Enfin, l'essor pris par la Banque centrale européenne montre que, sans toucher aux traités européens existants, mais grâce au consensus et au leadership, une institution peut prendre ses responsabilités et se montrer solidaire. La Commission européenne aussi a gagné plus de pouvoir dans cette crise.

Le côté négatif de la gestion de la crise financière est que la réaction a été tardive. Il aura fallu quatre ans pour mettre au point tous ces nouveaux outils communs. Pendant longtemps, en 2009, 2010 et 2011, on a cru qu'on pouvait s'en sortir avec les méthodes traditionnelles de l'Union européenne. Ces années perdues expliquent le désastre actuel. Elles ont vu les pays européens les plus faibles budgétairement attaqués sur les marchés financiers. Leurs taux d'emprunt y ont soudain augmenté, faisant grimper le coût de remboursement de leur dette publique. Cela a fait gaspiller des centaines de milliards d'euros réels.

On est donc passé d'une crise financière à une crise économique, laquelle a fait croître le chômage et fragilisé l'État providence, déclenchant, ces dernières années, une crise sociale. Dans les pays comme l'Italie ou l'Espagne, où le chômage peut dépasser les 40 % chez les jeunes, ceux-ci ont fui vers l'Allemagne et la Grande-Bretagne. En même temps, la crise est devenue aussi politique. Les familles, les entrepreneurs, les travailleurs, tous touchés, se sont révoltés. Cette crise politique a favorisé l'essor de nouveaux mouvements qui, avec des points de départ différents, ont remporté des succès électoraux à travers l'Europe. Je ne les qualifierais pas tous de populistes tant ils diffèrent. Le mouvement espagnol Podemos est proche, en France, de celui de Jean-Luc Mélenchon mais différent des Cinq Étoiles de Beppe Grillo. Cependant, partout le panorama politique a changé. Ainsi, on peut constater, par l'exemple de la gestion d'une crise, au départ financière, ce qu'il en coûte d'attendre trop longtemps, de réagir avec retard.

On continue de prendre du retard à compléter l'union monétaire (l'euro) par une union économique, qui consisterait en une réelle convergence des politiques de croissance, fiscales et sociales. Au départ, cette union économique était prévue par le traité de Maastricht. L'Allemagne l'a longtemps refusée pour des raisons politiques internes. Elle a été le seul grand pays européen à connaître une réelle opposition à mettre en place la monnaie unique. Si ce n'avait pas été pour établir la réunification de l'Allemagne, acceptée en contrepartie, l'euro n'aurait jamais vu le jour. Avant de se focaliser sur la question des migrants, le parti d'extrême droite AfD (Alternative für Deutschland) a d'abord choisi de combattre l'euro.

Le refus allemand, persistant, d'avancer vers l'union économique s'est longtemps expliqué aussi vis-à-vis de l'extérieur, du fait que l'Allemagne se perçoit comme la vertu et voit les autres pays comme le vice. Elle est réticente à employer ses propres vertus pour les vices des autres, à l'instar de la fourmi vis-à-vis de la cigale. En Europe, nous sommes politiquement au cœur de cette fable de La Fontaine.

Pour avancer, je crois qu'il nous faut mieux comprendre les vertus allemandes de rigueur, d'équilibre budgétaire, de bonne tenue des comptes.

Beaucoup d'autres pays n'ont pas ces exigences et n'en reconnaissent pas l'importance. En Italie, le sujet de la dette est sorti du débat politique. En France, le gouvernement prend au sérieux cette fois la fameuse règle, collectivement acceptée, de limiter le déficit budgétaire à 3 % de la richesse annuelle produite. Mais ce ne fut pas un sujet décisif de la campagne présidentielle, bien que la dette publique française représente actuellement près de 100 % de la richesse produite dans le pays. Cette négligence sert d'alibi à l'Allemagne, et la conforte dans son opinion. En somme, elle dit : « Vous voyez, on a raison de ne pas vouloir faire les choses ensemble, parce que vous êtes des cigales incorrigibles. »

Un des terribles effets de la crise des dettes publiques en zone euro a d'ailleurs été la montée des stéréotypes de caractères entre différents pays européens. Il ne faut pas sous-estimer le poids des préjugés dans les opinions, qui pèsent dans les attitudes et réponses politiques à la crise. On a opposé les stéréotypes nationaux quand c'est leur complémentarité qui procure sa force unique à l'Europe : la créativité de l'un, la rigueur de l'autre, la flexibilité d'un autre encore. Faire l'Europe devrait servir à réunir les vertus de chacun et non pas leurs vices.

De manière passée inaperçue dans l'opinion publique française, l'Allemagne a néanmoins déjà évolué dans son approche de l'euro, en acceptant, non sans mal, que la BCE déploie une politique monétaire expansionniste, diminuant les taux d'intérêt à leur plus bas niveau, et qu'elle rachète, même indirectement, la dette des États. Cette politique, qui soulage les gouvernements, n'a pas vocation à s'éterniser. Sa progressive correction, déjà graduellement amorcée, appelle des réformes structurelles nationales, mais elle pourrait aussi être l'occasion, en contrepartie, d'avancées dans l'union économique. Si la France elle-même se réforme, elle saura être plus convaincante pour trouver un tel compromis avec l'Allemagne.

# L'euro vaut bien plus qu'une monnaie

*L'Europe ne dérangeait personne ou presque jusqu'à l'arrivée de l'euro. La monnaie unique l'a soudain désignée comme responsable de nos maux économiques. La crise des dettes publiques, survenue dans les pays ayant adopté l'euro, a mis à nu les carences de cette union monétaire. Des remèdes y ont été apportés dans l'urgence. Comment aller plus loin aujourd'hui ?*

Dans les sondages d'opinion, l'euro et l'Europe sont vivement critiqués. Mais, à la question de savoir s'il faudrait abandonner la monnaie unique pour retourner au franc, à la lire, au peso ou à la drachme, la réponse est clairement non. Cet attachement est une base solide à partir de laquelle on peut avancer. Les pays qui partagent la même monnaie sont à considérer comme ceux avec lesquels il est possible d'accomplir des pas en avant dans la construction européenne. La France et l'Allemagne doivent y travailler en ligne avec l'institution forte de la zone euro qu'est la Banque centrale européenne, dirigée par un président, Mario Draghi, qui a une vision de l'avenir de l'Europe. Elles doivent travailler de concert aussi avec les deux grands autres pays de la zone euro, l'Espagne et l'Italie.

Pour que l'euro ne soit plus associé à la crise, il faut lui assigner une mission : la croissance. Celle-ci appelle l'investissement. Le plan lancé par le président de la Commission européenne, Jean-Claude Juncker va déjà dans ce sens. D'où l'idée d'un budget pluriannuel « Grande Europe », évoqué plus loin. Ce Fonds européen pour les investissements stratégiques, qu'on appelle le « plan Juncker », s'appuie sur l'effet de levier que génère l'engagement d'argent public sur les investissements privés. Ce plan ne sert pas à financer de grands travaux pharaoniques, mais des projets dans l'éducation, le haut débit ou les transports urbains. Mais c'est une réponse conjoncturelle. Il faut maintenant une réponse structurelle : l'institution d'un grand fonds européen d'investissement, qui montre que la croissance est l'affaire de l'Europe, pas seulement de ses pays membres. Ce fonds devrait doper la zone euro autant que le fait la Banque centrale européenne par son assouplissement monétaire, mais d'une autre manière : en investissant dans l'économie réelle. Ce fonds doit conjuguer investissements publics et privés. Refuser ici un rôle à l'argent public n'est que réflexe idéologique. Cette intervention mixte de plusieurs États pourrait financer de grands pôles de recherche en Europe afin qu'ils prennent une taille comparable à leurs concurrents mondiaux. Elle pourrait soutenir la recherche de grandes entreprises, sur le modèle d'Airbus. Entre pays de la zone euro, on pourrait aller plus loin et instituer un tel plan afin qu'il devienne permanent, à travers un budget pluriannuel « Grande Europe ». Il ne s'agit pas de remplacer les budgets nationaux, mais de financer ce qui aura plus d'impact au niveau européen, comme la recherche et l'innovation. Dans ces domaines, on peut faire mieux sans dépenser plus, mais en dépensant au niveau de la zone euro.

L'autre chantier, c'est être paré contre une prochaine crise. Des remèdes ont été pris dans l'urgence, en pleine crise de l'euro. De fait, dans les années 2010-2013, la zone euro s'est équipée d'un fonds de sauvetage (ESM), d'un début d'union bancaire et d'un durcissement de la surveillance budgétaire. Il faut maintenant consolider l'ouvrage bricolé sous la tempête, comme on répare le toit d'une maison après le passage d'une intempérie au cas où une autre surviendrait. Profitons de toute accalmie provisoire.

En étant fin prêts, nous réagirons dès qu'il le faut et donc bien mieux. Pas comme pour sauver la Grèce, où l'Europe aura dépensé au total environ 283 milliards d'euros ! Une somme, à ma connaissance, sans équivalent dans l'histoire, et qui dépasse le produit national grec. Pourtant, cet argent n'a fait que des mécontents, qu'il s'agisse des créditeurs qui l'ont prêté ou des Grecs qui l'ont reçu. Pourquoi ? Parce que tout cet argent a été décidé au mauvais moment, trop tardivement. Au bout du compte, cette somme colossale produit autant d'effet que si 50 milliards avaient été débloqués au bon moment.

Concrètement, l'accalmie doit nous permettre de consolider le fonds de sauvetage des États, de compléter l'union bancaire par une garantie unique des dépôts. Bref, faire tout ce qu'une personne de bons sens accomplirait l'été dans le Grand Nord, en attendant l'hiver. Un grave blizzard financier peut resurgir, qu'il soit lié à la Grèce, aux instabilités monétaires, à la fragilité de banques ou à des élections nationales aux résultats imprévus, provoquant une crise politique dans ce pays. Tous ces travaux peuvent être réalisés sans toucher aux traités fondamentaux de l'Union européenne, mais en modifiant le traité ayant créé le fonds de sauvetage des États.

Le troisième chantier, celui-là de longue haleine, est de faire évoluer l'architecture de l'euro : doter la zone euro d'un ministre des Finances et, à côté du fonds d'investissement évoqué plus haut, d'un budget de la zone euro. Rappelons que le budget européen ne représente toujours que 1 % de toutes les richesses produites en Europe. C'est insuffisant si l'on veut mener une politique budgétaire à l'échelle de la zone euro.

Il faut aussi s'attaquer à la fiscalité entre pays partageant la même devise afin de l'harmoniser. L'Europe combat déjà mieux aujourd'hui l'évasion fiscale. La Commission européenne a eu raison, sous la houlette de Margrethe Vestager, de s'en prendre à Apple pour que cette compagnie paye davantage d'impôts à l'Irlande ou de poursuivre Google, accusé en l'occurrence de position dominante dans la recherche en ligne. Ou encore de préparer une liste noire des paradis fiscaux à publier. En outre, Pierre Moscovici, le commissaire européen aux affaires économiques, met au point une directive pour s'attaquer aux intermédiaires facilitant l'évasion fiscale. Voilà des exemples éloquents de ce que l'Europe peut faire en synergie et qu'un gouvernement isolé ne pourrait oser entreprendre sans risquer d'éloigner les investisseurs étrangers.

Pourtant, lutter contre l'évasion fiscale est la moindre des choses pour toute institution publique. En revanche, faire converger nos fiscalités est d'une autre nature. La zone euro nous y presse. Avant de partager la même monnaie, les pays se faisaient concurrence en agissant sur leur taux de change. La dévaluation revenait à se créer une compétitivité immédiate, mais artificielle et provisoire, et elle renchérissait le coût des importations. On a aussi abandonné les politiques d'inflation aux effets néfastes à terme, ce qui a eu pour résultat de faire de la fiscalité l'arme politique par excellence pour se distinguer entre pays. On est alors tombé dans la concurrence fiscale. Pourtant, collectivement, c'est un jeu dangereux. La Commission européenne a repris le projet d'harmoniser l'assiette de l'impôt sur les bénéfices des entreprises, et c'est un bon début. Il faut aller plus loin, par exemple en matière de fiscalité liée à l'environnement. La France et l'Allemagne devraient commencer par montrer l'exemple en rapprochant leurs propres fiscalités.

Mais il est très difficile d'avancer tant que subsiste l'obligation d'unanimité de tous les États membres de l'Union européenne. Les Anglais, notamment, ont toujours tenu à cette règle. Toutefois, avec la perspective du Brexit, les ministres des Finances pourraient décider, à l'unanimité, de lever cette condition pour la zone euro. Dès lors, les ministres des Finances de cette zone (l'Eurogroupe) voteraient à la majorité qualifiée pour coordonner leurs fiscalités, sans avoir besoin de modifier les traités européens existants.

Jusqu'à présent, on a réalisé l'union économique et monétaire – UEM –, mais avec un M majuscule et un « e » minuscule. L'objectif des travaux que je décris est de mettre ce « E » en majuscule. La Banque centrale européenne ne peut pas porter à bout de bras le sauvetage de l'euro pour l'éternité. Son président, Mario Draghi, ne cesse de le rappeler. C'est pourquoi on a besoin d'un grand fonds d'investissement. L'urgence est que l'euro, dans l'opinion, devienne synonyme de croissance et non de déclin, sinon sa perception finira par être désastreuse.

Le chantier est aussi politique. C'est celui d'une meilleure légitimité démocratique des décideurs européens. Pendant la crise grecque, la démocratie a été du côté des Grecs. Le gouvernement d'Alexis Tsipras a su s'en servir. Le déséquilibre était manifeste entre leur légitimité directe, celle de leur Parlement, de leurs choix exprimés par référendums, et, de l'autre côté, la légitimité très lointaine et indirecte de la « troïka », qui réunit le Fonds monétaire international, la BCE et la Commission européenne, derrière lesquels les gouvernements nationaux sont présents, mais de manière lointaine et très peu visibles. Excepté la France, qui a joué un rôle décisif pour éviter l'expulsion de la Grèce de la zone euro, avec l'appui de l'Italie et contre l'avis de l'Allemagne. Il est clair qu'entre la force de la souveraineté populaire et la voix des technocrates le déséquilibre n'est pas tenable. Face à un pays en crise, il faut répondre avec une légitimité tout aussi convaincante. On a rencontré le même décalage de légitimités démocratiques, à propos du traité de libre-échange entre l'UE et le Canada, lorsque le Parlement wallon, en Belgique, s'est érigé contre sa ratification.

Dans l'Union, la légitimité émane indiscutablement en premier lieu du Parlement européen, qui est élu au suffrage universel direct. La sortie de la Grande-Bretagne le rend encore plus légitime à représenter la zone euro. J'ai été député européen et ce mandat a été l'une des expériences les plus intéressantes de ma vie politique. Dans cette enceinte, vous ne rendez pas seulement un service, mais vous grandissez, vous apprenez, vous recevez beaucoup dans le contact avec les autres, ce qui est incomparablement plus riche que ce que vous pouvez retirer dans une enceinte nationale, où j'ai aussi siégé.

D'ailleurs, pour démocratiser davantage encore l'expression de la zone euro, il faudrait y joindre davantage encore les parlementaires nationaux. Leur contact direct avec les affaires européennes aurait, par ailleurs, des vertus pédagogiques. Les élus nationaux se sentiraient davantage partie prenante dans les choix européens. En retour, ils sauraient mieux parler de l'Europe à leurs compatriotes plutôt qu'entendre leur gouvernement national leur expliquer que « Bruxelles » les empêche d'accéder à leurs demandes.

La convergence en zone euro doit aussi être sociale. On ne va pas faire de l'Union européenne, ni de la zone euro, un État providence unique, géant. Ce serait complètement inefficace et politiquement voué à l'échec. Rien n'empêche toutefois d'avancer entre pays partageant la même monnaie dans un domaine précis, mais décisif : l'indemnisation du chômage. Chaque État dispose de son propre système d'assurance-chômage, mais, en cas de difficultés économiques, une couverture européenne pourrait intervenir en complément. En pratique, cette assurance-chômage européenne servirait à allonger la durée d'indemnisation des chômeurs dans un pays donné, sans que cela ruine le budget de cet État. Bien sûr, en contrepartie de cette solidarité, le gouvernement du pays concerné devrait mener une politique active pour réduire son taux de chômage. On peut réfléchir aussi à la création d'un ministre du Travail de la zone euro, doté d'une inspection européenne du travail.

L'élection d'Emmanuel Macron encourage à avancer dans ces perspectives. Le président français a mis au cœur de son programme la mission de compléter l'union économique et monétaire et de relancer l'euro comme levier de croissance. Le soutien des électeurs français donne aujourd'hui plus de force à ce projet.

# Devant Trump, devenons adultes

*L'arrivée inattendue au pouvoir du turbulent Donald Trump aux États-Unis a soulevé de lourdes incertitudes économiques et géopolitiques et introduit une brutalité inhabituelle dans les rapports diplomatiques. Cela touche au premier chef l'Europe, qui est traditionnellement un allié pivot des États-Unis. Quelles conséquences doivent en tirer les Européens ?*

L'arrivée de Donald Trump à la Maison-Blanche implique pour nous, Européens, de nous dépêcher de devenir des adultes. Politiquement, nous ne le sommes pas. Dans un monde où ce qui devient central est moins l'économie que la sécurité, notre insuffisante autonomie d'autorité à ce sujet pose problème. Encore plus si notre principal allié prend un chemin divergent, sinon distinct, du nôtre. Il est clair que les États-Unis de

Trump ne sont plus ceux qu'on a connus au cours des dernières décennies. L'actuel président américain n'est comparable à aucun de ses prédécesseurs. Pas même à Reagan, qui avait choisi de tout autres collaborateurs. Avec Trump, nous assistons au plus grand clivage depuis la chute du mur de Berlin.

D'abord, par la manière dont il est arrivé au pouvoir. Celle-ci est bien sûr légitime en soi. Mais elle repose sur un récit et une dialectique avec ses adversaires qui sont sans précédent. Son récit est fondé sur des promesses jetées dans l'arène de la campagne électorale sans qu'elles aient un début de possible mise en œuvre. Donald Trump a construit aussi toute sa campagne, non pas en faveur d'un projet, mais contre ses adversaires, qu'il a férocement raillés – Hillary Clinton, disait-il, devait aller en prison. Contre aussi des ennemis collectifs : les Mexicains et les musulmans, notamment. Il a insulté son propre camp républicain. N'oublions pas la violence de cette campagne, unique dans l'histoire. Elle risque de faire croire que c'est désormais la méthode pour gagner une élection. Donald Trump a créé un modèle terrifiant. Il faut aussi rappeler que ses slogans envers ses électeurs en colère étaient tous tournés vers le passé. C'est un point commun avec le Brexit. Donald Trump a promis, lui aussi, qu'il ferait retrouver à son pays sa souveraineté, sa grandeur. Outre-Manche, on disait : « *Take back control* » (Reprendre la maîtrise) ; outre-Atlantique : *« Make America great again* » (Redonner à l'Amérique sa grandeur). Barack Obama, lui, avait été réélu en se tournant vers l'avenir, scandant « le meilleur est encore à venir ».

Dès son élection, Donald Trump a prévenu que dorénavant ce serait : « *America first !* » (L'Amérique d'abord), reprenant un autre slogan de campagne. Je crains que cela ne signifie en pratique : « *America only* » (Seulement l'Amérique). Et au risque que cela ne devienne finalement : « *America alone* » (L'Amérique seule), comme on l'observe sur la question climatique. Les provocations continuelles de Trump contre ses partenaires européens traditionnels sont plus que de simples polémiques à des fins électorales internes. Il y a quelque chose de profond, qui ne pourra pas rester sans conséquences. Pour en prendre la mesure, il faut remonter à l'origine des guerres actuelles, aux prémices de l'instabilité régionale au Moyen-Orient, et tirer les leçons des quinze années qui se sont écoulées depuis le 11 septembre 2001. Ces attentats ont entraîné en réaction les désastreuses interventions américaines décidées par

George W. Bush en Afghanistan et en Irak. La guerre en Irak est à l'origine de la formation du groupe terroriste Daech, qui s'est nourri aussi de la guerre en Syrie. Celle-ci a démarré dans la vague du printemps arabe, où l'on a cru que Bachar al-Assad tomberait en quinze jours comme Ben Ali en Tunisie et Moubarak en Égypte. En Libye, Nicolas Sarkozy et le Premier ministre britannique, David Cameron, ont aidé à faire tomber le régime Kadhafi sans avoir ensuite de solution de rechange.

L'Europe subit aujourd'hui le contrecoup de toutes ces erreurs, de ces excès ou de ces manques d'intervention. Les guerres déclenchées en Irak, en Afghanistan, la guerre civile en Syrie et la guerre en Libye sont toutes, au départ, de grandes erreurs occidentales. Elles sont le résultat d'une volonté politique elle-même issue de la présidentielle américaine de l'an 2000 qu'avait emportée, après contentieux devant les tribunaux, George W. Bush contre Al Gore. Les suites de cette élection produit encore des effets aujourd'hui sur la situation en Europe. Nul doute que, si Al Gore avait été président des États-Unis, l'histoire eût été complètement différente. La crise des réfugiés est, pour l'essentiel, la conséquence des guerres menées par Bush. Beaucoup de ces réfugiés (non pas les migrants économiques) sont en effet des Afghans, des Irakiens et des Syriens. Il y a une responsabilité objective des États-Unis dans la situation de ces pays. L'Europe est en train de payer la facture des guerres de Bush !

De son côté, Barack Obama a dû écouter ses concitoyens et faire marche arrière après l'interventionnisme des années Bush, sortir l'armée américaine de tous les culs-de-sac dans lesquels son prédécesseur l'avait embourbée. Mais ce retrait n'est pas seulement la fin d'un épisode, il s'inscrit dans un recul américain plus général, discuté depuis la fin de la menace soviétique. Au début des années 1990, on commença déjà à parler du « *burden-sharing* », du partage du fardeau des engagements pour la sécurité mondiale et du besoin d'une défense européenne intégrée qu'a anticipée le traité de Maastricht de 1992. Ce processus a été soudain stoppé après les attentats du 11 septembre 2001, période marquée par la reprise de l'armement, l'investissement militaire et une série d'interventions dans le monde. Aujourd'hui, le processus de désengagement des États-Unis reprend. Donald Trump a fait campagne sur l'isolationnisme. Depuis son arrivée à la Maison-Blanche, l'Europe est davantage seule pour se défendre. Cela nous offre la dernière grande chance de devenir adultes.

En premier lieu, cela signifie, pour l'Europe, de savoir traiter d'égal à égal avec Trump. Cela implique de changer radicalement d'approche avec lui. Nous ne pouvons pas, durant les quatre années de son mandat, reproduire, à l'échelle mondiale, ce que les opposants de Trump en Amérique ont fait durant la campagne présidentielle, en réagissant à tout ce qu'il disait ou faisait pour le critiquer, le ridiculiser, mais en lui laissant ainsi occuper la scène et avoir le privilège d'imposer ses sujets.

Je me souviens d'un séminaire conduit à Sciences Po durant les élections américaines. Ayant beaucoup de cours en anglais, nous attirons un grand nombre d'étudiants américains. Ceux-là, ainsi que nos professeurs américains, ont passé toute une journée à analyser les primaires. Nous avons finalement demandé aux étudiants américains présents d'exprimer leurs préférences électorales. La moitié était pour Clinton, l'autre pour Sanders. Je me souviens du rire général, quand une seule main s'est levée pour Trump. Pourtant, à la fin de cette journée, nous avons constaté que nous avions, peut-être durant 95 % du temps, parlé de Trump, de ce qu'il avait dit, des tabous auxquels il avait touché.

Voici ce qui ne devrait pas se produire à l'échelle mondiale. Les Européens doivent apprendre à avoir leur mot à dire sur les grandes questions, et le faire de façon indépendante, sans attendre d'être provoqué et sans se faire dicter l'ordre du jour. Cela implique, bien sûr, que nous soyons en mesure d'avoir notre mot à dire, donc unis pour ce faire et déterminés à en tirer les conséquences. Pour exercer un tel leadership, les dirigeants européens doivent être en phase avec les valeurs et les préoccupations des citoyens et des familles. À l'écoute de leurs peurs et de leurs espérances, l'Europe doit reprendre la parole.

À cet égard, la COP21, la plus grande conférence sur le changement climatique, qui s'est tenue à Paris fin 2015, a été exemplaire. Sa réussite a redonné du poids au multilatéralisme et, surtout, a confirmé le leadership mondial de l'Europe sur une question clé pour l'avenir et pour les générations futures. La sortie unilatérale des États-Unis de cet accord crucial, décidée par le président Trump, ne fait que renforcer ce rôle prééminent de l'Europe.

Le G20 de Hambourg, en juillet 2017, a mis en scène l'isolement complet des Américains sur ce sujet ainsi que sur la protection contre les échanges commerciaux. Cela entraîne un rapprochement entre l'Union européenne et l'Asie, en particulier avec la Chine.

Au cours des trois dernières années, on a privilégié la relation transatlantique. Le rejet en 2014 de Vladimir Poutine du G8, redevenu G7, en a été la plus claire expression. Mais un G7 avec Trump est devenu tout autre chose. Tout comme le G20, où il s'est montré fermé aux compromis.

À l'Europe de défendre plus encore ces instances, qui ne sont pas juste des lieux où faire de belles images et se donner des tapes dans le dos, mais où l'on a par exemple lutté contre le secret bancaire. L'Europe doit agir de concert au G7 et au G20, au risque sinon que ne s'impose à elle ce qu'on nomme le G2 – Chine/États-Unis. Elle doit défendre vaillamment, voire avec acharnement, l'échelon multilatéral – les Nations unies, l'OMC, l'OCDE – contre l'unilatéralisme américain. L'Europe serait alors vraiment marginalisée dans un monde de brutes.

L'arrivée au pouvoir de Trump nous donne donc à nous, Européens, de nouvelles missions. La première est celle d'une Europe de la défense qui doit aboutir. À cet égard, la France a un rôle dirigeant de premier plan à jouer. Mais la sortie prévue des Britanniques ne devra pas les priver de relation avec l'Union européenne sur cette question. Ce devrait être un grand sujet politique dans la négociation sur le Brexit. Faire l'Europe de la défense sans les Britanniques serait, en réalité, plus difficile que facile. Le Royaume-Uni représente, avec la France, les dépenses militaires parmi les plus élevées d'Europe. Toutefois, ces dépenses sont en train d'augmenter en Europe de l'Est. Et l'Allemagne a annoncé leur augmentation de plus de 6 % sur la période 2015-2019. L'Italie et l'Espagne ont aussi toute leur place dans cette Europe de la défense. C'est notamment dans le secteur militaire que l'État italien s'est le plus modernisé au cours des trente dernières années, pour se hisser au niveau international. Quand j'étais chef de gouvernement, ma fierté a été de voir l'Italie vraiment reconnue dans ce domaine.

Faire avancer ce chantier européen est prioritaire, car la prochaine grande crise au pourtour de notre continent exigera une réponse de notre part. En Syrie, en 2013, les Américains étaient, au départ, prêts à intervenir, avant de se raviser. Il ne faudra plus compter sur eux. La Commission européenne l'a bien compris, proposant en juin 2017 de créer un fonds européen de la défense qui mobiliserait 5,5 milliards d'euros sur les capacités militaires et permettrait à l'Union européenne et à ses États membres d'acquérir des équipements en réduisant les coûts. Mutualiser nos ressources, éviter la redondance des moyens, c'est aussi, comme on le sait bien, dans l'intérêt de nos budgets nationaux. Se partager intelligemment les tâches par des spécialisations géographiques, dans un domaine aussi coûteux que la défense, nous permettrait de faire des économies. À l'échelon européen, il faut donc commencer par constituer un dispositif militaire commun et, par ailleurs, développer le corps naissant de gardes-frontières européens.

L'autre mission européenne, conséquente à l'élection de Donald Trump, est écologique. Je l'ai dit, la protection de l'environnement fait partie intégrante de nos valeurs. En France, j'observe que les dirigeants politiques de tous bords citent volontiers l'encyclique du pape François, *Laudato si'*, qui offre la vision la plus aboutie sur cette question cruciale pour l'avenir de l'humanité. Si elle le veut, l'Europe a toutes les chances d'être en pointe dans ce domaine, par rapport à l'Amérique de Trump. Elle peut s'affirmer dans les *clean techs* à défaut d'avoir pu le faire à présent dans les technologies numériques. Notre ambition est ici de devenir les premiers du monde dans le secteur des énergies renouvelables d'ici à 2020. C'est l'objet de ce qu'on appelle l'« Union de l'énergie ». Il s'agit de tirer profit de nos abondantes et répandues ressources en énergies solaire, éolienne, hydraulique et de biomasse, en optimisant leur exploitation par des interconnexions à travers l'Europe et par des systèmes d'information interactifs et intelligents. Mais il faut une ferme volonté des États de l'Union pour conduire ce chantier d'avenir, qui nous distinguera de ceux, ailleurs dans le monde, qui en reste aux énergies sales du passé. L'Europe doit établir les normes en matière environnementale. Elle doit être ici, comme j'ai pu l'expliquer, un « *rule maker* » face à Trump.

De même, dans les échanges commerciaux, où nous n'avons pas les mêmes priorités que la nouvelle administration américaine alors que nous en partagions avec Obama. On voit, plus largement, se creuser un clivage entre l'administration Trump et l'Union européenne, entre fermeture et ouverture au monde. Mais, pour la régulation financière, le président Trump est en train d'accomplir le chemin inverse et veut rouvrir ce qui avait été soigneusement encadré à la suite de la crise des *subprimes*, qui a pourtant éclaté dans son pays en 2008. À la suite de cette crise, on a lutté contre les paradis fiscaux, qui ne sont plus comparables à ce qu'ils étaient il y a dix ans. Il est devenu plus difficile de cacher de l'argent. Mais Trump risque de détricoter ce précieux travail. À l'Europe de savoir empêcher ce retour en arrière.

Elle ne peut cependant y parvenir que dotée d'une vraie force intérieure, c'est-à-dire avec une intégration solide.

Toutefois, je suis convaincu qu'un grand pays comme les États-Unis saura survivre à Trump. N'oublions pas qu'une majorité d'Américains a voté en nombre contre lui. Mais, pour l'heure, son exercice du pouvoir remet en question la notion même d'Occident, qui avait réémergé sous l'administration Obama. Nous garderons de toute manière des intérêts géostratégiques différents. Il suffit de regarder notre géographie. Les États-Unis n'ont pour seuls voisins que le Canada et le Mexique. Il est facile de traiter avec eux seuls. L'Europe, elle, a des voisins plus nombreux, plus compliqués et plus instables : le Maghreb, la Libye, l'Égypte, le Proche-Orient, la Turquie, la Russie… De l'Est ukrainien au Sahel, en passant par le Proche-Orient, le voisinage de l'Union européenne forme aujourd'hui ce qu'on appelle un « arc d'instabilité ». Des guerres se livrent à nos portes. La crise des migrants est bien la fille de toutes ces guerres.

Notre continent se retrouve ainsi entouré de zones de conflits avec la Méditerranée, plaque tournante des trafics migratoires, comme nous le verrons dans le chapitre suivant. Dans un monde plus imprévisible et dangereux, un échelon européen d'action s'impose absolument. Je crois que c'est plus que jamais sur ce thème que l'Europe fera la preuve de son utilité insubstituable.

Dans les années 1990, on opposait en géopolitique Mars et Vénus, en référence aux dieux de la mythologie grecque : Mars était incarné par l'hyperpuissance américaine et Vénus par le *soft power* (puissance douce) de l'Union européenne. Aujourd'hui, les États-Unis ne veulent plus jouer partout à Mars. Trump a été clair. L'Europe risque de se retrouver prise de court de nouveau et les mains nues dans un monde de tensions terribles. C'est pourquoi je plaide pour une Europe qui soit capable de défendre elle-même ses valeurs, de défendre ses frontières, d'apaiser les conflits à son pourtour, dont les effets, sinon, déchireront nos pays de l'intérieur, comme on le voit actuellement. Les conséquences à long terme de l'arrivée de Trump et du Brexit, les deux événements de rupture de l'année 2016, sont décisives. Si, dans ces pays, les effets négatifs l'emportent, comme je le crains déjà, on regardera d'un œil plus positif en direction de notre Europe des valeurs, laquelle pourra mieux s'affirmer encore.

L'Europe ne peut pas avancer sur ces questions à la même vitesse avec tous les pays. Toutefois, il faut tenir compte des divers degrés d'européisme parmi les États membres de l'Union. La flexibilité de la construction européenne est le secret de son succès. L'oublier et penser au contraire qu'un seul format, qu'une seule taille valent pour tous serait une erreur. C'est le meilleur moyen de conserver l'Europe au congélateur. Les pays ont chacun leur propre histoire dans l'intégration européenne et une histoire nationale qu'il faut respecter. Il en résulte des degrés variables d'affinités entre eux. Aujourd'hui, les niveaux d'intégration atteints entre la France et l'Allemagne, d'une part, entre la France et l'Italie, d'autre part, ou entre pays du Benelux, sont chacun incomparables. Il ne faudrait pas empêcher l'étroitesse de ces relations sous le prétexte qu'elles ne peuvent être étendues à l'échelle de toute l'Union européenne.

Autre raison de constituer une Europe à plusieurs cercles : la sortie attendue de la Grande-Bretagne de l'Union, qui change la donne pour les Vingt-sept. La négociation est âpre et très bien menée, côté UE, par ce grand Européen qu'est Michel Barnier. Le paradoxe, après le vote sur le Brexit, est que les Britanniques veulent être formellement hors de l'UE, tout en étant substantiellement dedans. Il est évident qu'ils doivent rester liés à l'Europe d'une manière ou d'une autre. Mais, plus largement, ces négociations ont le mérite de soulever la question du statut actuel d'autres pays du continent, qui ont un rapport très spécifique avec l'UE, telles la Norvège et la Suisse. Ou la Turquie, qu'on a tenue à l'écart ces dix dernières années avant que la crise migratoire nous conduise à quémander son aide sans grande dignité. Sans oublier la question de la place de l'Ukraine. Le débat sur le Brexit invite à penser, autour de l'Union à vingt-sept, à un deuxième cercle de pays. On peut reprendre le fil de l'idée de « Confédération européenne » qu'avait lancée, avec justesse, François Mitterrand, après la chute du mur de Berlin. Ce serait une façon de reconnaître politiquement l'ancrage européen de tous ces pays, de nouer d'étroites relations thématiques avec chacun d'eux, tout en conservant à l'UE son autonomie propre.

Les Balkans, eux, ont à terme leur place dans l'Union. Le pire message après le Brexit a été de signifier aux pays de cette partie du continent que tout nouvel élargissement serait désormais impossible. Il ne faut pas suspendre les négociations d'adhésion avec ces pays, mais les poursuivre, chacune à leur rythme, sans précipitation et en restant unis et fermes sur nos exigences. Si on recrée de l'instabilité dans cette partie de l'Europe, en mettant fin à ces négociations, on en subira les conséquences.

N'oublions pas que l'histoire nous enseigne que toute instabilité européenne a démarré dans les Balkans. Cette région est si proche de nous. Je me souviens d'un étudiant vietnamien de l'Institut diplomatique de Hanoï m'affirmant que « même à l'heure d'Internet, un peuple n'échappe jamais à sa géographie et à son histoire ». C'est une vérité que je me répète souvent quand je regarde une carte d'Europe. Nous ne pouvons pas nous dérober à notre voisinage avec la Russie, à notre proximité avec l'Afrique, en particulier avec le Maghreb.

L'incapacité des politiques étrangères à trouver des solutions concrètes aux conflits qui nous cernent a conduit à en injecter leur virus au sein de l'Europe. Là est le fait nouveau : l'instabilité à l'extérieur de nos frontières, y compris en Ukraine, nous contamine désormais à l'intérieur. D'où le besoin, en Europe, de développer des politiques étrangères, nationales et européennes, davantage pro-actives. L'impuissance européenne sur la scène internationale vient de son incapacité à afficher ses priorités. Or, en politique étrangère, il faut savoir être clairvoyant sur ce qui représente un moindre mal. Pour l'Europe, c'est cela devenir adulte. Quand Daech est l'ennemi, il est clair qu'alors Assad, Poutine et Erdogan deviennent, pour les Européens, ce moindre mal. Nos chancelleries européennes refusent de faire ce choix. L'absence de priorités européennes claires a des conséquences. Et ne pas avoir su gérer la Syrie a entraîné la mort de dizaines de milliers d'individus.

L'autre difficulté pour l'Union européenne est avant tout d'être prise au sérieux, à l'extérieur, comme acteur de paix. Elle détient pourtant déjà plusieurs leviers pour agir : sanctions commerciales, aide au développement ainsi qu'une force militaire variable selon les pays. Toutefois, l'Union reste perçue différemment d'une puissance habituelle. Ainsi, la Russie ne reconnaît pas, et malheureusement ne reconnaîtra jamais complètement, l'idée d'un interlocuteur tel que l'UE. Dans mon expérience à la tête du gouvernement italien, j'ai cherché à faire comprendre à Vladimir Poutine qu'il devait parler avec les dirigeants nationaux *et* avec ceux des institutions européennes. Mais j'ai eu l'impression qu'il considère le temps passé avec ces derniers comme perdu. Il ne leur accorde aucune importance. Pour lui, la légitimité, ce sont les chefs nationaux avec les symboles nationaux. Je lui disais : « Mais parmi les attributs d'un État, il y a la monnaie ! Nous avons l'euro qui nous réunit ! » J'ai tenté de le convaincre, en vain. La Russie sait que les sanctions qui frappent son économie à la suite de la guerre en Ukraine sont bien européennes, mais ce sont des sanctions décidées par le Conseil des ministres de l'Union européenne, donc, en fin de compte, par les États.

Ce qui rend la relation compliquée à gérer avec la Russie est non seulement qu'elle ne reconnaît pas la légitimité de l'UE, mais également qu'elle nourrit une idée de revanche sur l'histoire, sur les années s'écoulant de la chute de l'empire soviétique, en 1991, jusqu'à ses heurts avec la Géorgie en 2008, qui ont marqué le retour d'une Russie alors renforcée par la hausse du prix du pétrole et du gaz. Les perspectives de la Russie aujourd'hui sont sombres, aussi bien économiques, avec la chute du prix du pétrole, que démographiques, du fait d'un vieillissement prononcé de sa population.

Quoi qu'il en soit, l'Europe doit garder la Russie comme un interlocuteur de premier rang, et entretenir un dialogue étroit avec elle. Ce n'est pas l'ami traditionnel de l'Europe, comme le sont, historiquement, les États-Unis, mais nous avons une relation obligée tout simplement du fait que cet immense pays se situe à notre frontière. On ne doit jamais vivre notre relation avec la Russie comme avec un pays ennemi.

# Cinq pistes pour sortir de la crise migratoire

*L'Europe fait face à un afflux sans précédent de migrants, parmi lesquels de nombreux réfugiés fuyant les guerres ou des régimes autoritaires. Une crise d'une ampleur inégalée à laquelle vous, Enrico Letta, avez été directement confronté comme chef du gouvernement italien. Comment l'Europe peut-elle sortir de cette crise en respectant ses propres valeurs ?*

Il faut tenir un langage de vérité, en partant des chiffres.

Les migrants dans le monde étaient 77 millions en 1975. Aujourd'hui, ils sont 250 millions. Il est évident qu'à cette échelle affirmer qu'ils doivent rentrer chez eux n'a aucun sens. La mobilité des personnes est devenue un phénomène qui va de pair avec le progrès technologique et la mondialisation.

L'idée qu'on puisse l'arrêter dans le monde d'aujourd'hui est une fable.

Ce phénomène structurel s'est accentué ensuite avec l'arrivée de réfugiés syriens : environ 7 millions de personnes qui ont laissé leur pays en guerre, soit un tiers de l'entière population du pays. La majorité s'est rendue dans les pays voisins, le Liban, la Jordanie et la Turquie. De petits pays, comme le Liban et la Jordanie, sont littéralement ébranlés par ces flux, qui représentent un tiers de leur population nationale. Imaginons ces proportions à l'échelle de la population en France ou en Italie.

Afghans, Irakiens et Syriens représentent au total la moitié des réfugiés venus en Europe – à distinguer des migrants économiques. Il faut souligner que leur départ forcé résulte des guerres de l'Occident de ces quinze dernières années et ne pas s'imaginer qu'ils ont seulement voulu laisser leur pays pour venir chez nous de leur plein gré.

En Italie, l'afflux de migrants est une question sérieuse depuis longtemps et un sujet récurrent sur la table des pays européens depuis de nombreuses années. Mais, à ce niveau, c'était un sujet, disons, saisonnier, estival : le beau temps de l'été favorisait le passage de la Méditerranée entre les côtes libyennes et tunisiennes vers la Sicile. Tout cela a radicalement changé dans la nuit du 2 au 3 octobre 2013, lorsqu'un bateau, parti de Libye pour Lampedusa, a fait naufrage à quelques centaines de mètres de la plage dite des lapins, l'une des plus belles de cette île sicilienne. Je me souviens des premiers coups de fil à l'aube nous faisant prendre la mesure de ce qui était survenu. Plus de trois cents personnes avaient perdu la vie dans la mer cette nuit-là. Il y avait peu de survivants. C'était le premier grand naufrage dans l'histoire récente de la Méditerranée.

Dans l'urgence, la réaction des habitants de Lampedusa fut extraordinaire, tout comme celle des forces italiennes. Donner des funérailles dignes à toutes les victimes, objet de notre première décision, fut une tâche difficile, à laquelle nous n'étions naturellement pas préparés. D'autant que le gouvernement se trouvait alors dans une situation précaire, il avait risqué de tomber, deux jours plus tôt, car nous étions encore en pleine crise des dettes en zone euro.

Mais il fallait tirer les conséquences de cette tragédie d'une ampleur inédite. La Libye était sans État. La guerre en Syrie ne cessait de s'aggraver et l'inertie à l'arrêter annonçait d'autres exodes. Le sujet des migrants n'était plus désormais seulement un feuilleton estival, ni seulement un sujet italien. Il fallait saisir les autres dirigeants européens.

Mes premières consultations téléphoniques m'ont d'emblée fait comprendre que personne en Europe n'avait envie d'aller plus loin que de partager le deuil de ce drame. Un sommet européen était fixé, de longue date, dans le courant du mois. À défaut d'initiative européenne, on décida d'y aller avec une position italienne autonome. Celle de mettre en place une opération militaro-humanitaire, appelée *Mare Nostrum*, menée par la marine militaire italienne. En tant que plus grand pays de la Méditerranée, nous ne pouvions nous résoudre à ne rien faire. L'opération coûta à l'Italie environ 8 à 9 millions d'euros par mois. Elle a permis de sauver des vies humaines. Elle a évité alors que la Méditerranée ne devienne *Mare Mortum*, comme l'a dépeint une affiche saisissante que j'ai découverte à Paris lors d'une exposition organisée par l'excellente spécialiste des questions migratoires de Sciences Po, Catherine Wihtol de Wenden.

Je dois toutefois préciser qu'un seul autre pays de l'Union européenne a bien voulu participer avec nous à l'opération *Mare Nostrum*, ce fut la Slovénie, qui est pourtant loin d'être la première puissance maritime européenne ! Ce pays voisin a mis à disposition généreusement son unique bâtiment de guerre. Mais, hormis cette exception, j'ai été déçu par l'attitude du Conseil européen. Les autres dirigeants n'avaient pas envie de se mêler de ce problème. Ils ont considéré que le naufrage de ce début octobre 2013 n'était qu'un cas malheureux, sans mesurer que ce n'était que le début d'une longue série – je pense notamment aux neuf cents morts du 19 avril 2015. Nos différents voisins étaient trop contents de laisser à l'Italie la « patate chaude », avec un manque désolant de lucidité sur la question migratoire.

En France, on m'a reproché de créer, par cette opération maritime, un appel d'air, qui attirerait d'autres migrants à risquer leur vie en mer. Ce reproche n'est pas fondé. Mare Nostrum n'était pas uniquement une opération de sauvetage. Elle comprenait aussi un quadrillage de la mer en patrouille par nos bâtiments militaires. Ils pouvaient filmer les trafiquants et les prendre en flagrant délit pour pouvoir les arrêter. Ce contrôle de la mer fut une dimension très importante de l'opération. La marine doit, de toute façon, réaliser des exercices d'entraînement. Quitte à les faire, autant qu'ils servent à sauver des vies et à arrêter des trafiquants. C'est un bon emploi de l'argent des contribuables. Malheureusement, le gouvernement italien suivant a arrêté l'opération dès qu'il a pu, sans doute pour ménager l'opinion publique.

Sans attendre cette tragédie, qu'il qualifia de « honte », le pape François s'était déjà rendu à Lampedusa en juillet 2013. En réservant sa première sortie du Vatican à l'île sicilienne, le nouveau pape a eu un geste prophétique. Tout le monde en a été frappé, moi également. J'ai tout de suite compris qu'il nous signifiait par là qu'il fallait s'investir dans cette question des migrants à un tout autre niveau, qu'on ne pouvait plus se contenter de la gérer à la petite semaine, le temps d'une saison, sans véritable engagement. Ce voyage du pape à Lampedusa m'a aidé à décider l'opération *Mare Nostrum*.

J'observe, avec un peu d'amertume, que le problème n'est devenu européen qu'à partir du moment où les réfugiés sont entrés en Allemagne en 2015. Jusqu'alors, le sujet était vu comme italien ou grec, alors qu'il était clair que, dès cette nuit du 2 au 3 octobre 2013 que j'ai décrite, c'était déjà un grand sujet européen. À travers tous ces morts en Méditerranée, ce sont nos valeurs européennes qu'on laisse se noyer. L'inertie des dirigeants européens sur cette question a des conséquences politiques désastreuses. Elle explique en partie le Brexit.

La question migratoire est pourtant dans l'ADN de l'Europe. Elle est intimement liée à ses valeurs fondatrices.

Souvenons-nous de l'histoire de la jeune Europe dans la mythologie grecque. Elle a été enlevée par Zeus, métamorphosé en un ravissant taureau blanc, qui l'a emmenée sur son dos jusqu'en Crète. L'enlèvement eut lieu en Phénicie, l'actuel Liban. Autrement dit, pour utiliser une terminologie bruxelloise, on peut affirmer qu'Europe est d'origine extracommunautaire. On ignore pourquoi les Grecs anciens ont utilisé son nom pour désigner le continent entier. Mais il est frappant que ce nom soit, à l'origine, celui d'une jeune migrante en exil forcé !

Bien sûr, la crise migratoire ne peut être résolue uniquement avec une opération du type *Mare Nostrum*. J'en suis le premier convaincu. C'était une mesure d'urgence, qui faisait honneur aux droits de l'homme. Dans la Constitution italienne, il est écrit que l'étranger qu'on prive, dans son pays, de l'exercice des libertés démocratiques garanties par notre Constitution a le droit d'asile. C'est énorme ! Cela va plus loin que les seules libertés qui devraient être garanties par le pays d'origine de l'étranger. Mais cette généreuse disposition n'avait pas été écrite dans la perspective de réfugiés venant par millions. Lorsque le phénomène prend cette ampleur, la situation à l'évidence change d'échelle et exige un éventail complet de réponses.

Et, même si elle arrive tard, il faut une politique européenne à 360° sur les migrants. Une politique où la distinction entre les réfugiés de guerres et les migrants pour raisons économiques trouve une application concrète. Les confondre rend le phénomène ingérable et favorise leur rejet. En premier lieu, il faut changer les règles européennes qui obligent le migrant à déposer sa demande d'asile dans le pays par lequel il est entré en Europe. Le but est de mieux répartir ces demandes à travers l'Europe pour ne pas laisser l'Italie ou la Grèce, et demain d'autres pays, au gré des flux, être débordés. On aurait bien sûr dû réviser ces règles avant l'arrivée de la crise des migrants.

Si l'Union européenne est la marque d'une solidarité entre ses États membres, un rééquilibrage s'impose au regard des situations géographiques respectives des pays. Les kilomètres de frontière littorale italienne sont sans commune mesure avec ceux de la frontière belge. Il est logique de corriger cela par une répartition des demandes d'asile entre pays européens. Ou, mieux encore, de nous organiser collectivement pour traiter ces demandes dans les pays d'origine ou de transit afin d'éviter tant de dramatiques traversées quand la chance d'obtenir l'asile est nulle. Ce traitement en amont permettrait ensuite de mettre sur pied des corridors humanitaires, comme en a installé Sant'Egidio, cette formidable communauté de catholiques engagés pour la paix que créa Andrea Riccardi à Rome et qui agit aujourd'hui dans tous les coins du monde.

Deuxièmement, il faut traiter le manque d'harmonisation des politiques d'accueil entre les différents pays européens. Définir par exemple ce qu'a le droit de faire un demandeur d'asile en attendant la réponse sur son statut. Je pense qu'il devrait avoir le droit de travailler. Mais il faut en tout cas répondre en Europe de manière coordonnée à cette question

Troisièmement, nous devons prévenir ensemble les crises dans les pays d'origine des migrants. Ne pas laisser une situation dégénérer durant des années, comme en Syrie et en Libye. Le récent choix de Ghassan Salamé, comme envoyé spécial de l'ONU à Tripoli, est un pas dans la bonne direction. Celle consistant à prendre à bras le corps le problème et à travailler à des solutions multiples et partagées. Cela demande un bon dosage de politique étrangère et d'aide au développement. Je repense à 1993, lorsque j'ai commencé mon parcours dans les institutions politiques au ministère italien des Affaires étrangères, comme assistant de Beniamino Andreatta, qui était alors chef de la diplomatie dans le gouvernement Ciampi. Dès le lendemain de sa nomination à ce ministère, nous partîmes deux jours en Érythrée pour marquer la naissance de cet État, alors tout fraîchement indépendant et qui avait été une colonie italienne. En découvrant la capitale, j'avais l'impression de retrouver une petite ville du sud de l'Italie des années 1950, avec des Africains en plus. Vingt ans plus tard, c'est devenu un État répressif que fuit la population, qui cherche à gagner l'Europe. À ignorer le problème de ce pays durant des années, à laisser la situation s'y détériorer, à ne pas être clairvoyant, tant de vies humaines ont été – et sont encore – perdues, tandis qu'on se retrouve confronté de manière plus forte et radicale au problème qu'on préférait ignorer. Voilà ce qui nous revient en pleine figure lorsqu'on néglige le long terme.

Quatrièmement, il faut une politique de relocalisation des réfugiés, gérée de manière commune. Fonder cette répartition sur la seule base du volontariat, comme le préconisent les pays d'Europe centrale, n'est pas tenable. C'est une manière de s'autoriser à ne pas être volontaire pour accueillir ces réfugiés alors qu'il appartient à chaque pays de prendre ses responsabilités. On ne peut pas à la fois profiter de la solidarité européenne en touchant des fonds d'aide régionale et refuser cette solidarité lorsqu'il s'agit de soulager les autres pays dépassés par l'afflux de migrants.

Enfin, il faut sécuriser ensemble les frontières extérieures de l'Union européenne. Cela commence à se faire depuis la création d'un corps de gardes-côtes et de gardes-frontières pour assurer en commun la surveillance de nos frontières externes. En clair, des gardes-frontières espagnols ou polonais peuvent aider l'Italie ou la Grèce au nom de l'Europe. La décision prise en octobre 2016 de créer ce corps européen ne doit pas rester lettre morte. Ce n'est qu'un début alors qu'il reste tant à faire, l'Italie ne le sait que trop. À ce nouveau corps européen sont promis des effectifs et des équipements propres pour intervenir rapidement

Reste, par ailleurs, la question de l'intégration des nouveaux venus dans nos sociétés européennes. Ici tout est une question de dimension. Pour être gérable, le phénomène migratoire doit être réduit à une dimension intégrable. Le Canada donne un exemple. Il accueille un grand nombre d'immigrés provenant d'un grand nombre de pays et il impose des limites par origines ethniques. La question de l'intégration dans un pays est comparable à celle qui se pose dans une école. La diversité est essentielle dans un établissement. Elle offre une richesse que je n'ai pas connue. À Pise, je n'étais en classe qu'avec des Italiens ; à Strasbourg, qu'avec des Français. L'« étranger », je ne l'ai connu que plus tard. Mes enfants à Rome et maintenant à Paris connaissent, eux, la richesse de la diversité.

Mais il est clair que cette diversité devient un problème dès que la population n'est plus en majorité originaire du pays. Il faut un équilibre. D'autant qu'on constate, en matière d'immigration, un grand écart entre sa perception et la réalité. En Italie, une étude montre qu'alors que les étrangers ne représentent que 7 % de la population du pays les Italiens croient qu'ils en représentent 20 à 25 %.

Pour ces deux raisons, la question des proportions est primordiale. Nous disposons de règles très fortes pour protéger les réfugiés. Mais, quand ces réfugiés deviennent soudain des millions, nous ne savons plus appliquer ces règles, car elles n'ont pas été prévues pour autant de monde. Si vous avez 100 000 migrants qui arrivent dans un seul pays, la situation est complètement ingérable, l'intégration impossible. Si ces 100 000 sont divisés en petits groupes et répartis à travers le territoire, cela devient possible. La concentration en France, à Calais, à la frontière avec l'Angleterre, a été un contre-exemple et c'est pourquoi le gouvernement a dû démanteler cette « jungle » et répartir l'effort à travers tout le territoire français. Le pire est de laisser se constituer des sortes d'États dans l'État. L'Allemagne comprend aujourd'hui des communautés turque et syrienne très importantes, ce qui complique leur intégration.

Franchement, je ne m'attendais pas à ce qu'Angela Merkel décide d'accueillir 1 million de réfugiés, car elle fait preuve d'ordinaire d'un grand pragmatisme et de réalisme. J'ai admiré son courage. Je crois qu'elle a sous-estimé l'effet de cet accueil dans l'opinion. Mais elle a rendu à la grave question des réfugiés ses lettres de noblesse. Reste qu'il est anormal que l'Allemagne prenne, à elle seule, 1 million de réfugiés. Comme je l'ai expliqué, pour réussir l'intégration, « *small is beautiful* ». Au risque sinon de perdre toute emprise sur ce problème et qu'il s'emballe, avec des conséquences sociales et politiques terrifiantes.

Les ressources économiques comptent, bien entendu. En Italie, la crise des migrants s'est accélérée juste au moment où nous devions faire des coupes budgétaires, douloureuses, dans les dépenses publiques à la suite de la crise économique. Or, il faut une aide de l'État aux collectivités locales, aux mairies et aux écoles pour financer l'intégration. Les habitants craignent alors que les étrangers profitent des aides publiques à leur détriment. Financer la politique migratoire au niveau européen, en émettant des obligations (« eurobonds »), me paraît une bonne idée.

La gestion des migrants exige des moyens financiers. La sélection pour statuer sur leur condition, leur formation, leur apprentissage de la langue…, tout cela entraîne des coûts. Mais il serait tronqué de ne considérer l'immigration qu'en ces termes, de penser qu'il ne s'agirait que des laissés-pour-compte qui créent des problèmes. Au-delà de la question particulière des réfugiés politiques, on a besoin d'immigration pour compenser le vieillissement parfois prononcé dans nos pays. L'Allemagne, l'Italie, l'Espagne, la Pologne voient leurs populations vieillir et, à terme, diminuer. En Italie, notre natalité serait plus faible encore sans l'immigration (1,25 au lieu de 1,4). Sur le continent, seule la France présente un taux de fertilité remarquable, grâce à des politiques familiales intelligentes. Ailleurs, les populations avancent en âge. Le choix d'Angela

Merkel d'accueillir les migrants a été motivé en partie comme réponse au vieillissement de son pays.

On a également besoin d'immigration parce que des Européens refusent certains emplois. Regardez en Andalousie, qui vient récolter les fraises et les framboises ? Dans les cafés de Madrid, nombre de serveurs sont latino-américains. En Italie, le parmesan est entre les mains des Indiens sikhs. Tous ceux qui traient les vaches dans la plaine du Pô pour faire ce fromage ne sont pas italiens d'origine. Je pourrais multiplier ainsi les exemples.

Pour réussir l'intégration, on a aussi besoin de donner à voir des symboles. Je trouve anormal que, dans le métro de Milan ou dans les rues de Rome, on croise tant d'Africains ou d'Asiatiques établis en Italie, mais qu'au Parlement national on ne croise que des Blancs. C'est ce qui m'a poussé à nommer Cécile Kyenge comme ministre de l'Intégration dans mon gouvernement. J'avais été inspiré par le rôle de Mario Balotelli dans notre équipe nationale de football. Comme je l'ai raconté à la chaîne française Équipe 21, c'était du jamais-vu en Italie, alors que cette mixité est courante dans l'équipe de France. Chez nous, il a été le premier Noir d'Afrique à jouer dans la Nazionale. Il parlait le dialecte de Brescia. J'aime beaucoup « super-Mario ». Son attitude gâche parfois un peu tout mais, au départ, son entrée a été un symbole de grande portée pour la Péninsule.

# « Débruxelliser »

*Des élections européennes se déroulent tous les cinq ans. Selon les pays, la question européenne fait aussi parfois l'objet d'un référendum. Hormis ces scrutins, les citoyens perçoivent l'Europe comme une construction leur échappant et qui, pour l'essentiel, se joue à Bruxelles. Le fameux « déficit démocratique » n'est-il qu'un mythe entretenu par un manque de pédagogie ou un défi sérieux pour l'avenir de l'Europe ?*

Le manque de légitimité démocratique de l'Europe et de participation citoyenne a été l'une des attaques récurrentes des Britanniques envers la construction européenne, mais aussi un débat survenu dans d'autres pays. On l'a vu à propos de l'euro, qui a contribué à stigmatiser l'Europe comme politiquement responsable de la situation économique. Les citoyens européens disposent d'un bulletin de vote sans être pour autant en condition de peser en dernier ressort sur la vie politique européenne.

La sortie de la Grande-Bretagne de l'Union est l'occasion de revoir le rôle du Parlement européen, comme je l'ai expliqué à propos de la zone euro. Les Britanniques n'ont jamais voulu que ce Parlement ait une quelconque force politique. Pourtant, les députés européens sont élus au suffrage universel direct. Ils disposent donc de la même légitimité démocratique que les élus nationaux. Mais, au-delà de cette lecture légaliste, il s'agit maintenant d'avoir une réflexion politique sur ce sujet. Pour faire monter le Parlement européen en puissance, il faut que ses élus jouent le jeu. Qu'ils ne considèrent pas ce mandat comme mineur en s'autorisant ce qu'ils ne feraient pas dans une Chambre nationale. Il faut que les partis politiques prennent enfin ces élections au sérieux. Nous n'avons pas besoin de nouvelles règles, mais de nouvelles attitudes. Un changement des pratiques.

Le Parlement européen a déjà élargi ses pouvoirs, mais il lui manque l'essentiel : l'autonomie législative. Je crois que les députés européens doivent disposer du droit d'initiative, c'est-à-dire qu'ils puissent proposer eux-mêmes des lois. La Commission européenne possède en théorie le monopole de cette initiative législative. Mais, avec la montée en puissance du Conseil européen, constitué des chefs d'État et de gouvernement de l'Union, c'est désormais cette instance qui prend l'initiative, et la Commission qui ensuite présente formellement les choses. Bien sûr, nous n'avons pas de besoin de surproduction législative ! Mais l'activité pourrait être plus efficace et s'enrichir du droit d'initiative des députés européens.

S'agissant de la Commission, avoir un commissaire par pays a été une erreur. Chaque capitale tend à le considérer comme son commissaire, alors qu'il doit être indépendant. Mais je crois que Jean-Claude Juncker (actuel président de la Commission) a remédié à ce problème en créant des postes de vice-président de la Commission, dotés chacun d'une mission. Cela fonctionne bien et évite un découpage artificiel des compétences des commissaires.

Au-delà de cet utile raccommodage, il faudrait en vérité changer le nom de la Commission. Les noms sont des symboles. Et, comme l'écrit Umberto Eco dans *Le Nom de la rose*, les noms sont les conséquences des choses. Il s'agit donc d'un sujet sérieux. Se faire appeler commissaire est une folie. En français, en italien ou en espagnol, cette dénomination véhicule des images négatives. Le plus simple serait de les appeler ministres. Ou du moins secrétaires européens. Une fois les Britanniques sortis, je ne vois pas qui pourrait s'y opposer.

Au sein du Conseil européen, le plus important est d'y diffuser un esprit collectif européen, dont le manque ne fait pas de doute. Mais le bon remède est plus difficile à trouver que le mal à identifier. On peut s'inspirer des institutions européennes qui fonctionnent bien. À cet égard, la Banque centrale européenne obéit à des règles rigoureuses. Les gouverneurs des banques centrales de chacun des pays de la zone euro y siègent. Mais, après leur réunion mensuelle à Francfort, vous n'avez pas autant de conférences de presse qu'il y a de gouverneurs présents. Seul le président de la BCE s'adresse à la presse et explique les décisions qui ont été prises collégialement. Il faudrait idéalement faire de même après les sommets européens à Bruxelles. Si, au contraire, vous laissez, comme aujourd'hui, chaque dirigeant développer son discours à la presse nationale, faire son propre récit de ce qu'il a entrepris contre ses voisins ou contre les institutions européennes, vous laissez se répandre la cacophonie et un esprit qui est tout sauf européen. On ne comprend jamais ce qui s'est passé à ces sommets. Ces rencontres me font penser à ce petit personnage que je voyais dans la bande dessinée des *Peanuts,* celui qui court toujours avec un nuage de fils entremêlés au-dessus de la tête. Voilà ce qu'est le Conseil européen ! Il faut évacuer ce nuage de poussière. Laisser la parole au seul président de ce Conseil, lui confier le soin d'expliquer les décisions prises, cela ne coûterait rien et changerait tout. Ici aussi, on change les pratiques, pas les règles. J'invite les nouveaux dirigeants français et allemand à montrer l'exemple. La conférence de presse commune d'Angela Merkel et Emmanuel Macron, lors de leur premier sommet européen ensemble, a marqué un premier pas dans la bonne direction.

Avant tout, il faudrait mettre fin à la multiplication de ces sommets bruxellois. Des rencontres au niveau inférieur, celui des ministres des Affaires européennes, sont utiles, et, ensuite, il suffirait d'une conférence téléphonique entre chefs de gouvernement pour valider une décision. En faisant au contraire venir tous les dirigeants à Bruxelles, on dramatise comme au théâtre, on suscite une attente médiatique. Mettre fin à ce théâtre peu ragoûtant valoriserait à l'inverse le travail du Parlement européen.

Je crois qu'il faudrait aussi « débruxelliser » ces sommets au sens littéral. Bruxelles incarne la somme de toutes les bureaucraties. Elle est devenue un symbole négatif et la ville, à qui l'on fait la faveur d'y organiser tous les sommets, n'y a pas intérêt à terme. Tenir les sommets dans telle ou telle ville d'Europe, comme autrefois, ferait valoir que l'Europe est l'affaire de toutes les nations. La BCE non plus ne tient pas toutes ses réunions de l'année à Francfort. L'Union européenne n'a pas une capitale, mais des institutions à Bruxelles, au Luxembourg et à Strasbourg, et des agences à travers tout le continent. Les grands traités européens portent les noms de différentes villes : Rome, Amsterdam, Lisbonne… En concentrant tout à Bruxelles, on met l'Europe dans un entonnoir, aux effets négatifs dans l'opinion. En « débruxellisant », on casse le mythe d'un super-État européen en formation. C'est pourquoi, je crois que le Parlement européen ne devrait garder qu'un seul siège, Strasbourg, le plus prestigieux. L'institution se valoriserait davantage, en affirmant ainsi son indépendance et en mettant fin à cette absurdité du double siège.

Pour favoriser plus largement un état d'esprit européen, nous devons raviver celui des pères fondateurs de la construction communautaire. Ce travail est surtout nécessaire dans les écoles. Regardez aux États-Unis. Washington, Lincoln,

Jefferson sont des personnages qui appartiennent à une époque particulière et révolue, mais les Américains en ont fait des personnages mythiques. Voilà ce qu'on devrait faire autour des personnages qui ont fait naître l'Europe d'après-guerre. Mais on devrait le faire aussi autour des pères du deuxième autre grand moment d'intégration initié après la chute du mur de Berlin : Jacques Delors, Helmut Kohl et François Mitterrand.

Parallèlement, il faut s'attaquer au déficit démocratique de l'UE, qui est une critique récurrente. Il est faux de dire que l'Europe est peu démocratique. Mais, dans cette catégorie, elle ne doit plus jouer en deuxième division. Oui, on élit les députés européens. Oui, le président de la Commission européenne est désormais choisi en tenant compte des résultats des élections européennes. Mais tout cela reste au final perçu comme éloigné du citoyen. Pour aller jusqu'au bout de la logique des élections européennes, pour monter en première division, j'appuie l'idée de députés élus non pas pour leur seul pays, mais pour toute l'Union européenne, considérée comme une circonscription unique.

C'est possible en pratique. Le Brexit pose la question du sort des 73 sièges britanniques attribués à ce pays dans l'hémicycle européen. Rien ne sert de les redistribuer aux autres pays. Cela donnerait lieu à un marchandage désolant. On pourrait imaginer que ces 73 soient élus dans une circonscription de toute l'Europe. Ainsi, je pourrais, depuis mon bureau de vote à Pise, voter pour un candidat espagnol, polonais ou français. Avant tout, je considérerais non pas sa nationalité, mais ce qu'il dit. Et son discours devrait nécessairement être le même, valable pour toute l'Europe. Autrement dit, il serait obligé d'exprimer ce qu'il pense être bon pour l'Union, pas juste pour son pays ou sa région.

Pour que la démocratie européenne joue en première division, il faudrait également associer davantage les élus nationaux au processus de décision européen, comme j'en ai avancé l'idée à propos de l'euro. Néanmoins, cela fait peur aux institutions européennes qui craignent que les Parlements nationaux freinent leurs initiatives. Mais là n'est pas le problème. Le but est d'abord que les élus nationaux mesurent l'impact européen de leurs décisions. Associer davantage les parlementaires nationaux aux travaux européens est bien plus que les faire participer à des jumelages ou à des voyages d'études. C'est leur faire prendre davantage conscience que toutes leurs décisions comportent une dimension européenne. Cela vaut mieux que de les laisser s'entendre dire par leur gouvernement : « On ne peut faire cela à cause de l'Europe. » J'ai connu cela lorsque j'ai été député national. Cette attitude fait le lit de l'impopularité de l'Europe, érigée ainsi en obstacle, en empêcheuse d'avancer, alors qu'elle constitue une responsabilité collective, qui implique les élus nationaux.

Certes, les Parlements nationaux sont souvent déjà munis d'une commission des affaires européennes. Mais, au-delà d'une telle commission particulière, c'est d'une approche plus horizontale dont nous avons besoin. De nos jours, tout projet de loi comprend souvent une analyse de son effet sur l'environnement ou de son impact social. Il faudrait qu'il inclue aussi une étude de son effet sur l'Europe.

L'autre piste est de développer les approches comparatives. Les élus nationaux, qui cherchent à réformer le régime des retraites ou à lutter contre le chômage des jeunes, ne doivent pas réinventer la roue, mais connaître les expériences menées ailleurs en Europe pour s'en inspirer.

L'autre chantier pour résorber le déficit démocratique concerne la société civile. Faire l'Europe n'appartient pas qu'aux institutions de l'Union européenne. Elle commence dès que deux Européens au moins se rencontrent. La société civile européenne reste embryonnaire au niveau européen à cause de la barrière des langues. Pour lever cet obstacle, il faut du temps. L'apprentissage des langues est bien plus poussé qu'autrefois, mais il ne faut pas laisser cet apprentissage à la seule initiative personnelle. Il faut le rendre obligatoire. Sinon, on risque de creuser davantage le fossé, déjà évoqué, qui sépare ceux qui ne parlent que leur langue maternelle et les polyglottes, qui seraient les seuls à tirer profit de l'Europe.

La faiblesse de la société civile européenne est aussi due à l'absence de médias européens. Je vois diverses expérimentations pour connecter les journaux entre eux, mais cela reste laborieux. Le fait que le seul journal lu à travers l'Europe soit le quotidien britannique des affaires, *Financial Times*, n'est pas l'une des moindres contradictions de notre temps ! En résumé, on le voit, tout développement d'une société civile européenne s'inscrit dans un processus long, mais nécessaire. L'Académie lancé par l'Institut Jacques Delors en pose un premier jalon.

L'essor du numérique peut toutefois accélérer l'émergence d'une société civile européenne, qui permet aux mouvements, aux associations et aux diverses initiatives citoyennes d'être mieux relayés, de s'organiser, par Internet et les réseaux sociaux. La révolution numérique permet de s'adresser directement à tous, de manière horizontale. La France, l'Italie ou l'Espagne, comme d'autres pays européens, ont une vie associative très riche, qui gagnerait à prendre une épaisseur européenne. Pour en faciliter le processus, on pourrait créer un statut européen d'association et de fondation.

En pratique, il est juste de ne pas seulement raisonner en termes d'échelons national et européen, de façon binaire. Il existe aussi des niveaux de coopération intermédiaire. En l'an 2000, j'ai participé à la création d'un forum italo-espagnol pour développer les échanges économiques, académiques et politiques entre nos pays. C'était nécessaire, car on s'ignorait trop. Nous sommes éloignés géographiquement et pourtant si proches. Comme nos langues, à la fois distinctes et qui ont des ressemblances. En dix-sept ans, j'ai vu dans ce forum les relations s'intensifier, le mélange opérer. Des relations humaines réelles, et non pas uniquement virtuelles et déclaratives, se sont tissées. J'ai vu ainsi l'Europe avancer à l'œil nu. C'est une autre façon de « débruxelliser » la construction européenne. De faire que celle-ci ne soit pas qu'un édifice juridique, mais prenne chair et consistance ailleurs que dans les institutions.

Ici, les symboles comptent.

Ainsi, l'hymne européen ne doit pas être réservé qu'à des solennités bruxello-strasbourgeoises. Emmanuel Macron a eu raison de le faire jouer le soir de son élection, en traversant la cour du Louvre, car, comme président français, il devient aussitôt un acteur européen. La présidentielle française constitue un événement aussi pour les autres Européens, tout comme les législatives allemandes intéressent le reste du continent. Faire jouer l'hymne européen dans des temps forts, nationaux, comme ceux-là, c'est non seulement débruxelliser l'Europe, mais aussi ancrer le projet d'Europe unie dans ce qui rythme la vie nationale. C'est également souligner la part émotionnelle dont est porteur ce projet, trop souvent réduit à sa seule part rationnelle.

# Aux référendums je préfère la démocratie

*L'Europe est gagnée par une sorte de fièvre référendaire. On l'a vu en Grande-Bretagne, en Hongrie, aux Pays-Bas, en Italie ou durant la campagne présidentielle française. Le référendum est-il le moyen imparable pour associer directement les citoyens aux grands choix politiques ?*

Le référendum a du sens s'il est organisé comme en Suisse. Mais seulement ainsi.

Les Suisses se prononcent sur la question posée. Le centre de l'attention ne porte pas sur l'instance qui pose la question, ni sur les conséquences politiques du résultat. Mais, hormis le cas suisse, le débat est dominé d'ordinaire par ces deux aspects. Il suffit de prendre l'exemple des derniers référendums en Grande-Bretagne et en Italie, bien que très différents l'un de l'autre.

Dans le cas italien, le 4 décembre 2016, le chef du gouvernement Matteo Renzi a personnalisé son recours au référendum par lequel il a cherché, en vain, à obtenir une légitimité électorale qui lui manquait originellement. Dans le cas du référendum organisé le 23 juin 2016 par le Premier ministre britannique, David Cameron – pour ou contre la sortie du Royaume-Uni de l'Union européenne –, le fait d'opter pour l'instrument référendaire a déterminé le résultat. C'était avant tout un choix lié à la politique interne à la situation de son parti, les Tories. Les résultats au Royaume-Uni et en Italie sont, dans le premier cas, que le pays se retrouve dans une voie sans issue, dans l'autre, qu'une révision de la Constitution italienne n'aura pas lieu avant des années. Il existe d'autres moyens de revigorer nos démocraties et de renforcer la participation.

Je ne pense pas que l'adhésion ou la sortie d'un pays de l'UE puisse être décidé sur cette base. Ce n'est pas comme cela que je vois la démocratie. Les grands choix doivent provenir de processus qui fabriquent du consensus. D'ailleurs, la difficulté désormais des pro-Brexit est de prendre en compte le fait que 48 % des électeurs n'ont pas voté en faveur d'une sortie de l'Union…

Nombre de pays ont pourtant organisé un référendum avant de rejoindre l'Union, y compris la Grande-Bretagne en 1974, mais ces référendums marquaient l'aboutissement d'un processus au cours duquel toutes les enceintes démocratiques s'étaient exprimées, comme les Chambres du Parlement. Le référendum venait à la fin clore un processus. Pour le Brexit, il s'agit au contraire du vote d'un moment, lequel peut être influencé par des événements se déroulant autour de ce moment et, comme souvent, par l'exploitation que les médias font de ces événements. Le référendum devient alors l'opinion d'un instant et non le terme d'un processus.

Sur ce plan, le Brexit a été redoutable, car ce mot, efficace comme une marque à la mode, a été ravageur pour l'opinion. Par sa simplicité, le signifiant a fait perdre au signifié la complexité de sa substance. Contrairement à ce qu'affirme le Premier ministre, Theresa May, Brexit ne veut pas seulement dire Brexit. Il en existe au moins trois types. Un Brexit protectionniste, de fermeture, antimondialiste. Un Brexit, au contraire, d'ouverture maximale, mondialiste, qui vise à faire de Londres le Singapour de l'Europe, et transformer l'île en paradis fiscal. Et le Brexit de réindustrialisation, qui séduit une partie de la gauche britannique.

Autre vote d'un instant et non issu d'un processus, le référendum organisé le 2 octobre 2016 en Hongrie, où le Premier ministre Viktor Orban a demandé au peuple s'il voulait accueillir ou non des migrants.

Tout a été fait pour manipuler la réponse, jusque dans la formulation de la question posée. Comment répondre posément sur un tel sujet sans échapper aux pressions de l'émotion, de la peur ? La majorité des Hongrois a préféré s'abstenir de répondre, pour ne pas se faire prendre au piège.

Loin de l'Europe, en Colombie, ce ne fut pas l'opinion d'un instant, mais le ressenti après une histoire douloureuse qui s'est exprimé. Le référendum organisé le même 2 octobre 2016 par le président Juan Manuel Santos devait couronner l'aboutissement du processus de paix entrepris avec l'organisation des Farc. Il était sans doute très difficile de faire valoir que l'intérêt supérieur de la paix nécessitât que l'on s'entende avec ses anciens ennemis et que l'on tende à passer l'éponge sur le passé, si cruel fût-il. Le non l'a emporté, mais d'un cheveu (50,2 %). Comment un tel minuscule écart peut-il exprimer l'opinion de tout un peuple ?

Cela a obligé de renégocier l'accord, qui fut finalement approuvé par le Parlement colombien.

Le référendum simplifie des problèmes complexes par une réponse binaire. Il est très facile à manipuler. Le plus souvent, les électeurs ne répondent pas à la question, en tant que telle, mais en fonction de l'effet politique qu'aura leur réponse à cette question. C'est ainsi qu'en 1969 le non l'a emporté en France. La réponse était dirigée contre le général de Gaulle – qui en a tiré les conséquences – mais ne portait pas sur la question posée, dont personne ou presque ne se souvient.

De même, lors du référendum français du 29 mai 2005 sur le traité constitutionnel. Il a servi à sanctionner le président Jacques Chirac. Le socialiste Laurent Fabius avait appelé à voter non pour des raisons de politique domestique. La campagne a alors porté sur le « plombier polonais », en raison d'un projet de directive débattu au même moment (« directive Bolkestein »). Elle a porté aussi sur la Turquie, dont on redoutait l'entrée. Dans les deux cas, le débat a concerné les élargissements récents ou potentiels, pas le traité en lui-même. En Irlande, il a fallu rassurer les électeurs que ce traité n'obligeait pas à accepter l'avortement, car on avait fait croire le contraire. Tout cela n'avait rien à voir avec l'objet même du traité, dont les nouveautés institutionnelles faites pour rendre plus lisibles et démocratiques le fonctionnement de l'Union européenne ont été finalement très peu discutées.

Le non français de 2005, couplé au non néerlandais au même traité constitutionnel, a été le plus lourd de conséquences pour la construction européenne.

Il en a, de fait, marqué un long coup d'arrêt, sans pour autant clarifier l'horizon. Les « nonistes » français, dont les motivations ont été diverses et incompatibles entre elles, estiment toujours qu'on a fait peu de cas de leur refus, sans qu'eux-mêmes tiennent compte des deux autres référendums qui avaient, eux, approuvé le traité, en l'occurrence en Espagne et au Luxembourg, ni des nombreuses approbations parlementaires du texte, démocratiquement valables. Le traité de Lisbonne est une tentative de compromis entre ses approbations et ses refus. Il est regrettable qu'en France on n'ait pas eu la volonté de tirer les leçons de cet échec politique, préférant par la suite éviter le sujet européen plutôt que s'y confronter.

Le référendum n'est donc pas la panacée en démocratie.

C'est l'instrument de la démagogie. Il a le mérite d'être rapide, simple et spectaculaire. Mais est-ce qu'il apporte efficacité et équilibre dans le processus de décision ? Est-ce qu'il aide le peuple à faire des choix qu'il ne regrettera pas ? Je ne le pense pas.

Les référendums, insérés dans des régimes parlementaires, offrent des raccourcis qui donnent une impression artificielle d'aider la démocratie, alors qu'ils l'affaiblissent. Ils sont toujours biaisés, car ils sont entre les mains de ceux qui y ont recours. Le fait que la question soit formulée par un acteur politique tel qu'un gouvernement ou un mouvement politique rend, dès le départ, l'exercice déséquilibré et frôle le plébiscite. Le résultat dépend toujours de ce déséquilibre initial.

On retrouve, dans la mode du référendum comme dans le retour du discours national, la volonté de s'approprier directement un pouvoir qui se serait échappé, de reprendre le contrôle des décisions, de recouvrir sa souveraineté. Mais, faire un référendum n'est pas nécessairement respecter le peuple puisqu'on cherche à le manipuler, comme le prouvent les exemples que j'ai rappelés. C'est la démocratie représentative qu'il faut réhabiliter et non dénigrer. C'est pourquoi il est temps de donner toute sa puissance politique au Parlement européen, comme j'ai tenté de l'expliquer, et non pas seulement des pouvoirs sur le papier des traités.

On peut imaginer organiser un référendum sur une question européenne, mais cela exigerait, logiquement, de le tenir dans tous les pays de l'Union en même temps. Ce serait très difficile, car la culture référendaire est très inégalement répandue selon les histoires nationales. L'Allemagne, par exemple, s'interdit de faire des référendums depuis 1945. Au moins à l'échelle européenne, on peut espérer que la consultation porterait sur la question posée, mettant du coup en sourdine les contextes de politique intérieure. Mais il faudrait que les partis politiques s'organisent au niveau européen pour faire campagne. Il faudrait parvenir à s'entendre sur la question posée et sur le jour pour la poser. Dans ces conditions, l'idée, aussi séduisante qu'elle soit, garde un goût d'utopie.

Il y a d'autres moyens d'aller à la rencontre des nouveaux besoins de participation citoyenne. Il est en effet frustrant que la participation au débat européen se réduise à répondre par oui ou par non à un référendum – lorsqu'il est organisé – sur un traité ou à l'occasion des élections européennes, elles-mêmes souvent précédées de campagnes sans relief et aux sujets purement nationaux. Au niveau européen, le droit d'initiative citoyenne permet à 1 million de citoyens de différents pays de l'Union d'inciter la Commission européenne à légiférer. Ce qui n'est pas la même chose que la tenue d'un référendum.

Les « conventions démocratiques sur l'Union européenne » qu'ambitionne de lancer Emmanuel Macron pourraient devenir une expérience innovante de consultation à grande échelle. À condition que les institutions européennes et les gouvernements nationaux aient vraiment envie de jouer le jeu. Le ministre français de l'Europe et des Affaires étrangères, Jean-Yves Le Drian, et la ministre aux Affaires européennes, Nathalie Loiseau, portent une grande responsabilité dans la conduite de cet exercice innovant.

Ces conventions, si elles permettent un exercice de grande écoute, de consultation large et approfondie, peuvent opérer d'intéressantes remontées du terrain. En entraînant ainsi un processus de bas en haut, elles aideront à combler le fossé entre peuples et élites, qui s'est creusé sur la question européenne. En se tenant à l'intérieur de différents pays, elles contribueront également à réduire l'écart entre Europe et nations. Ainsi, le débat européen ne sera pas réservé à Bruxelles ou Strasbourg mais s'invitera aussi à Mende ou Domfront. Cependant, tout cela n'aura de sens que si l'exercice est pris au sérieux et ne sert pas uniquement d'opération de marketing politique.

Cela dépend bien sûr du pouvoir qui organise ces conventions, mais aussi de l'implication à laquelle les citoyens voudront bien consentir.

Cette implication peut être facilitée grâce aux outils numériques. Au-delà du cas européen, Internet peut servir à développer la démocratie participative. Un député ou sénateur peut consulter et associer régulièrement ses concitoyens via Internet. Il peut répondre à leurs questions en ligne. Ce qui prolonge, mais ne remplacera jamais, sa présence sur le terrain.

En période électorale, les partis et mouvements politiques de différents bords s'en servent, comme durant la campagne présidentielle en France, pour l'élaboration des programmes. Les partis En marche ! et La France insoumise y ont eu recours.

Les grands partis traditionnels sont plus lents et plus pesants pour agir de la sorte. Cela requiert des formes de mouvements politiques plus agiles. L'élection présidentielle française a consacré la victoire en politique des mouvements sur les partis. Car ces mouvements répondent mieux à l'imprévisibilité et à l'intensité des changements de notre époque.

Aujourd'hui, la politique a besoin d'instruments nouveaux. Entre le référendum, d'une part, et la représentation parlementaire, d'autre part, il y a tout un espace à développer. La participation citoyenne ne doit pas donner l'illusion que chacun peut tout décider, sinon cela exacerberait l'individualisme et ne ferait qu'aboutir à de la frustration et de la colère. Il faut placer ces outils à leur juste place, celle qui consiste à instaurer un dialogue continu avec ses représentants et à ancrer la démocratie représentative dans le réel, permettant ainsi de restaurer un climat de confiance perdu.

Il ne faut pas confondre le vote avec le « *like* » virtuel des réseaux sociaux. La sacralité du vote reste unique : une fois accompli, un vote ne peut pas être changé. « *Liker* » est d'une autre nature. Tout comme « *follow* » : si je change d'idée, je « *defollow* » en un instant. Au contraire, le vote entraîne des conséquences de longue durée. Je me rappelle avoir vu des étudiants britanniques pleurer après le Brexit, aussi parce qu'ils n'étaient pas allés voter… Mais il était trop tard. Le « *defollow* » dans l'urne n'existe pas, et les conséquences durent longtemps.

Je crois que nous ne sommes qu'au début de l'exploration de tout ce qu'Internet offre pour développer la démocratie participative. Celle-ci n'est pas à opposer à la démocratie représentative, mais doit viser à la rendre toujours plus légitime.

Rapprocher l'Europe du citoyen, le peuple de l'élite, ne passe pas par des référendums, mais par Internet. À condition bien sûr que tout le monde dispose d'un accès numérique et aussi de ne pas tomber dans une sorte d'agora virtuelle, déshumanisée, qui pourrait aussi vite être manipulée et tourner au cauchemar ou subir des cyberattaques.

Force est de constater qu'Internet et les réseaux sociaux court-circuitent aujourd'hui le jeu politique classique. Sur le plan vertical, ils affaiblissent les partis et mettent l'électeur au contact direct des élus, sans intermédiaires. Sur le plan horizontal, ils « communautarisent » les choix démocratiques. Je ne me détermine pas seul en conscience, mais sous l'influence de mes proches, de mes pairs. Pas seulement ceux de mon entourage immédiat – ma famille, mes collègues –, mais tous ceux avec qui je communique plusieurs fois par jour, via les réseaux sociaux – mes « amis » sur Facebook, mes abonnés sur Twitter, mon groupe WhatsApp... –, et qui sont dispersés géographiquement. Les idées qui circulent dans ces « communautés » et sphères virtuelles m'influencent, et je les influence. Quand une position politique s'y forme, elle peut prendre en quelques jours, en quelques heures, une dimension inattendue. Selon qu'en amont un candidat a bien su mettre sur rail son propos, l'effet horizontal joue à plein. On l'a vu en France pendant la primaire de la droite, en novembre 2016, lors de l'engouement pour François Fillon. Ce fut le cas aussi pendant la campagne référendaire italienne, au même moment. Ce type de comportement fait qu'on peut gagner largement, mais perdre tout aussi largement. Les élections deviennent ainsi imprévisibles et se jouent au tout dernier moment, la dernière semaine pour l'élection de Donald Trump aux États-Unis, donné perdant peu de temps auparavant. Mais faire l'Europe aujourd'hui implique de tenir compte de ces évolutions.

CONCLUSION

# Proposer le meilleur, et pas seulement une alternative au pire

Au terme de cette quête pour sortir le projet européen de sa crise, je voudrais émettre une dernière mise en garde importante.

On l'a vu durant la campagne présidentielle française et dans d'autres scrutins européens récents, ainsi aux Pays-Bas : l'ennemi numéro un est partout devenu le populisme. Mais le concept même de populisme est utilisé comme bouc émissaire par la plupart des classes dirigeantes. C'est une autre excuse commode, à l'instar de « Bruxelles », pour faire porter toutes nos fautes sur un seul ennemi. Cela cache des responsabilités plus complexes et entraîne une grave perte de confiance dans nos pays. Celle-ci est également entamée par un catastrophisme ambiant qui pose comme seule alternative : l'Europe ou le chaos.

C'est, en résumé, la question qui a été posée aux Français au second tour de l'élection présidentielle opposant Emmanuel Macron à Marine Le Pen.

Un véritable choix de destin était donné aux électeurs entre ces deux candidats radicalement opposés face à l'Europe. Le premier faisait agiter des drapeaux européens dans ses meetings, portant avec fierté le projet d'une Europe unie. À l'inverse, la deuxième a exigé que soit retiré ce même drapeau d'une émission de télévision comme condition pour y participer et n'a cessé de brocarder avec véhémence l'Union européenne durant toute sa campagne.

La victoire d'Emmanuel Macron exprime un choix assumé pour l'Europe. Ce résultat marque, en 2017, un coup d'arrêt à la montée des nationalismes survenue en 2016 par le Brexit et l'élection de Donald Trump. Macron a mené une campagne avant tout *pour* l'Europe et pas seulement en agitant le spectre du chaos.

Le contraire s'était produit en 2016 dans le cas du référendum britannique sur le Brexit ou du référendum constitutionnel voulu par Matteo Renzi en Italie, la même année.

L'analogie entre ces deux consultations est que leurs promoteurs respectifs ont recouru à toutes sortes de chiffres et de données pour démontrer les effets catastrophiques qu'auraient le Brexit outre-Manche et le « non » en Italie : effondrement de l'économie, flambée des taux d'intérêt, mise sous tutelle d'une « troïka ». Au Royaume-Uni, George Osborne, le ministre des Finances, a prévenu que, dès le lendemain d'un éventuel Brexit, l'économie se retrouverait comme en état de guerre. Même cauchemar annoncé en Italie.

Les électeurs n'ont pas pris au sérieux ces scénarios du pire. Ils ont fait leur choix, puis en ont observé les effets.

Le fait que la catastrophe annoncée n'a pas eu lieu – même si, en réalité, la sortie de la Grande-Bretagne ne s'est pas encore produite – a eu, à l'inverse, un effet boomerang. Elle a paru confirmer la thèse – encore une fois fausse, puisque la Grande-Bretagne fait toujours partie de l'UE à ce stade – de ceux qui pensent qu'être hors d'Europe n'est pas si dangereux. D'où une perte de crédibilité. J'en tire la leçon que, si vous ne proposez un choix que comme une alternative au pire, vous perdez. C'est démocratiquement fruste et caricatural.

Nous devons réconcilier la démocratie avec la politique.

Les populations sont attachées à la première, mais rejettent la seconde. Pour relier les deux, la politique proposée doit être cohérente, lisible, vérifiable, transparente. Elle doit être réalisée par des personnes crédibles. Si vous dites une chose, alors vous devez la faire. Sinon les gens se mettent en colère, avec raison.

Cependant, le défi est de faire entendre les raisons et les faits. Notre époque est celle de saint Thomas, l'apôtre qui ne croit que s'il met sa main dans les plaies du Christ. Qu'il semble difficile aujourd'hui de convaincre une opinion désabusée et déçue ! C'est presque impossible.

Permettez-moi de vous donner un petit exemple personnel. Chaque semaine, je dois répondre sur les médias sociaux à des personnes qui écrivent qu'il est scandaleux que je sois parlementaire italien tout en vivant à Paris, et donc payé par les contribuables italiens sans effectuer mon travail parlementaire. Je répète régulièrement que j'ai bien démissionné de la Chambre des députés, que je n'en perçois plus ni traitement ni retraite, et que je vis exclusivement de mon travail. Mais ma réponse ne suffit jamais. Ou, peut-être, déçoit-elle ceux qui sont toujours à la recherche d'une confirmation de leur thèse, à savoir que les politiciens seraient corrompus et malhonnêtes.

Cette difficulté accrue à faire valoir la vérité ne doit pas nous empêcher de toujours chercher à redonner au comportement politique sa probité, et aux politiques leur crédibilité. De proposer le meilleur, et pas seulement une alternative au pire.

Le projet d'Europe unie souffre d'être trop souvent dépeint ainsi. De surcroît, à travers des discours froids, remplis d'acronymes. L'Europe s'est faite proche dès lors qu'elle a été incarnée dans des réalisations et des personnes qui nous tiraient vers le haut, qui aspiraient au meilleur. Aujourd'hui, nous sommes en train de découvrir que l'Union européenne peut repartir alors qu'au-dehors plusieurs cherchent à l'affaiblir, voire à l'achever.

C'est donc le moment pour que la pensée critique s'unisse aux passions, dans une grande bataille pour les idées et les valeurs.

C'est le moment de lancer un véritable parti européen, qui fonctionne à l'échelle du continent, qui soit fortement européiste. Et ainsi de soutenir l'Europe, non pas comme l'unique choix qui s'impose, non comme seule alternative au pire, mais en pensant au meilleur. Pour nos enfants et leur avenir.

Composition et mise en pages
Nord Compo à Villeneuve-d'Ascq

PAPIER À BASE DE FIBRES CERTIFIÉES

Fayard s'engage pour l'environnement en réduisant l'empreinte carbone de ses livres. Celle de cet exemplaire est de :
0,500 kg éq. $CO_2$
Rendez-vous sur www.fayard-durable.fr

78-1701-8/01
Dépôt légal : septembre 2017
Imprimé en Espagne par Industria Gráfica Cayfosa